GUIDE DE COMMUNICATION INTERCULTURELLE

GUIDE DE COMMUNICATION INTERCULTURELLE

CHRISTIAN BARRETTE

Professeur d'anthropologie au cégep Ahuntsic

ÉDITHE GAUDET

Professeure de sociologie au cégep Ahuntsic

DENYSE LEMAY

Anthropologue et conseillère pédagogique
au cégep de Bois-de-Boulogne

ERPI ÉDITIONS DU RENOUVEAU PÉDAGOGIQUE INC.

5757, RUE CYPIHOT, SAINT-LAURENT (QUÉBEC) H4S 1R3
TÉLÉPHONE : (514) 334-2690 TÉLÉCOPIEUR : (514) 334-4720

Supervision éditoriale :
Sylvain Bournival

Révision linguistique :
Sophie Cloutier et Jean Roy

Édition électronique :
Info concept

*Conception graphique
et couverture :*

ERPI

Dépôt légal : 2e trimestre 1996
Bibliothèque nationale du Québec
Bibliothèque nationale du Canada
Imprimé au Canada

ISBN 2-7613-0661-9

4 5 6 7 8 9 0   IG   0 5 4 3 2
20050 ABCD   OF2-10

AVANT-PROPOS

Ce livre, qui en est à sa deuxième édition, poursuit les trois grands objectifs de l'éducation interculturelle : l'acquisition de connaissances, le développement d'habiletés de communication interculturelle et l'éveil de nouvelles attitudes[1].

L'acquisition de connaissances vise à favoriser une meilleure compréhension des diverses cultures, y compris la nôtre. En ce sens, des connaissances sur la réalité pluriculturelle de la société québécoise sont nécessaires.

Le développement d'habiletés en communication interculturelle permet d'établir une meilleure communication avec les gens de diverses cultures afin de pouvoir mieux intervenir auprès d'eux.

Enfin, l'éveil de nouvelles attitudes vise une plus grande sensibilisation à la pluralité ethnique, l'empathie et l'établissement de relations harmonieuses avec les personnes d'autres cultures.

Ce livre se compose de trois chapitres : le premier définit des notions générales de communication interculturelle, le deuxième trace le portrait de l'immigration québécoise et le troisième traite de la communication interculturelle et des habiletés qu'elle requiert.

La structure générale du premier chapitre a été profondément modifiée dans cette seconde édition et s'articule maintenant autour de trois ensembles de notions relatives à la diversité humaine, à la communication interculturelle et à la gestion de la diversité ethnique. De nouvelles définitions y sont proposées et d'autres ont été approfondies et modifiées.

---

[1]　Cette définition de l'éducation interculturelle est tirée des réflexions du Collectif de recherche interculturelle de l'Université de Sherbrooke (André Beauchesne, Hélène Hensler et Fernand Ouellet). Elle est reprise dans l'article suivant : Fernand Ouellet, « Le perfectionnement des maîtres en éducation interculturelle. Bilan de la réflexion théorique récente », *Impressions*, mars 1991, p. 4-13.

Le premier ensemble de notions se rattache à la description de la diversité humaine. On y trouve d'abord des *notions sociologiques* (ethnie, groupe ethnique, communauté ethnique ou communauté culturelle, nation, minorité, minorité nationale et minorité ethnique), dont plusieurs ont été revues. Des *notions biologiques* (gène, milieu, hérédité, héritabilité, acclimatation, évolution et adaptation, population biologique) et des *notions culturelles* (culture, vision du monde, enculturation, cognition, perception, évolution culturelle, acculturation) complètent ce premier ensemble. Nous présentons ensuite un deuxième ensemble de notions relatives à la communication interculturelle. Certaines concernent les *modalités de la communication* (communication, langue, gestuelle, proxémie) et d'autres traitent des *obstacles à la communication* (ethnocentrisme, préjugé, stéréotype, harcèlement, discrimination, racisme). Dans le dernier ensemble, qui est un ajout à la première édition, nous exposons des notions se rattachant à *la gestion du pluralisme ethnique* (intégration, assimilationnisme, multiculturalisme, antiracisme, interculturalisme, intégrationnisme).

Dans le deuxième chapitre, nous présentons les plus récentes données démographiques, socioéconomiques, socioculturelles et historiques sur l'immigration au Québec et au Canada. L'importante mise à jour de ce chapitre permet de mieux éclairer les enjeux de l'immigration et les décisions que les gouvernements fédéral et provincial ont prises en cette matière ces dernières années. Nous retraçons aussi les grandes étapes de l'histoire de l'immigration au Canada et au Québec à partir du profil des plus importantes communautés ethniques. Nous abordons également l'histoire des lois canadiennes et québécoises en matière d'immigration, pour ensuite faire l'historique de l'acquisition des pouvoirs du Québec dans ce domaine. Nous présentons finalement les lois actuelles en matière d'immigration. Quelques exercices se rapportant aux données présentées complètent ce deuxième chapitre.

Enfin, dans le chapitre 3, lui aussi remanié pour cette deuxième édition, nous nous intéressons tout d'abord à plusieurs *caractéristiques importantes de la communication interculturelle* (l'univers des significations, le contexte, le décodage des messages, les filtres, les perceptions, les préjugés, l'ethnocentrisme, les atouts en communication interculturelle). Dans une deuxième section, nous analysons *les préjugés et les stéréotypes à l'œuvre* dans le langage raciste. Dans la troisième section, nous approfondissons *les habiletés en communication interculturelle* (se connaître soi-même et connaître sa propre culture, acquérir la pratique de la décentration, intérioriser le relativisme des cultures, reconnaître une situation de communication interculturelle et expliciter ses codes culturels respectifs, apprendre la négociation). Nous poursuivons ensuite par une section consacrée à la *négociation interculturelle,* qui a été complètement remaniée. Nous y exposons et utilisons la notion d'accommodement raisonnable, ignorée dans la première édition. Le chapitre 3 se termine par plusieurs exposés et analyses de cas qui permettent de saisir les applications des notions abordées dans le chapitre.

À quelles personnes ce livre peut-il être utile ? Principalement aux suivantes :

1) les membres du personnel scolaire qui côtoient des étudiants provenant de différents milieux ethniques ;

2) les membres des personnels qui œuvrent dans les hôpitaux, dans les services sociaux et médicaux, et qui doivent soigner des gens qui ont différentes conceptions du corps, de la mort, des rituels entourant la naissance, des rituels religieux ;

3) les travailleurs qui œuvrent dans des services publics comme le transport, la vente, la police et qui ont à offrir des services à une clientèle de plus en plus diversifiée ;

4) les étudiants, et toute personne qui est en contact avec des immigrants dans sa vie personnelle, son voisinage, ses relations de travail ;

5) les membres des communautés ethniques qui subissent ou sont responsables des effets d'une communication interculturelle difficile.

Nous avons choisi de nous adresser à des personnes qui commencent à s'intéresser au phénomène de la communication interculturelle et qui ne possèdent pas de connaissances théoriques en anthropologie ou en sociologie des relations interethniques. Les spécialistes de ces disciplines considéreront sûrement que la présentation des concepts manque de nuances ou encore que les faits présentés pourraient être complétés par des informations supplémentaires. Nous en convenons. Mais nous avons voulu nous en tenir aux concepts essentiels, en adaptant les définitions qui se trouvent dans la littérature scientifique, ainsi qu'aux faits historiques et sociologiques de base pour comprendre les relations interethniques québécoises.

Selon nous, ce guide peut être utilisé de deux façons. D'une part, il peut permettre à une personne en contact avec d'autres réalités culturelles d'acquérir par elle-même des connaissances dans le domaine de la communication interculturelle. D'autre part, il peut être utilisé en groupe, particulièrement par des personnes travaillant au même endroit : il devient alors le point de départ d'échanges entre celles-ci. Il peut ainsi leur permettre d'atteindre des consensus, ou tout au moins de trouver des dénominateurs communs afin d'entreprendre des actions concertées. Dans ce cas, l'efficacité de ces actions risque d'être plus grande. Si les personnes qui travaillent dans la même école, le même service d'un hôpital ou le même CLSC s'entendent pour adopter des comportements adéquats à l'égard de leur clientèle pluriethnique, cela pourra améliorer de beaucoup la cohérence et la compréhension des messages qu'elles lui envoient.

Il va de soi que cet ouvrage fait une large place à l'acquisition de connaissances et au développement d'habiletés. Pour être pleinement exercées, ces connaissances et ces habiletés doivent être accompagnées d'attitudes appropriées. Il faut mentionner que ce livre n'a pas été conçu de façon à définir celles-ci ou à viser leur développement, sinon il aurait été tout autre. En revanche, son contenu sera d'autant plus formateur qu'il se greffera à des attitudes de remise en question et d'ouverture déjà présentes. C'est une raison de plus pour utiliser ce livre en groupe, car alors chaque personne peut identifier chez les autres ces attitudes utiles en situation de communication interculturelle et les voir à l'œuvre.

Bien sûr, nous sommes conscients des lacunes de ce livre. En dépit des corrections que nous avons apportées à la première édition, il y a toujours place pour l'amélioration. Nous espérons que les lecteurs critiques garderont en vue la nature de cet ouvrage de sensibilisation à la communication interculturelle, qui se veut le point de départ d'un processus de réflexion sans cesse à reprendre. Leurs remarques et leurs suggestions nous serviront toujours.

Remerciements

Ce guide de communication interculturelle est le fruit de plusieurs expériences de formation auprès de divers groupes : étudiants et étudiantes de cégep, professeurs de divers niveaux d'enseignement, personnes travaillant dans différents services publics auprès d'une clientèle pluriethnique. Nous les remercions tous, particulièrement nos collègues du Service interculturel collégial. Nous remercions aussi tout spécialement les cégépiennes et les cégépiens auprès de qui nous avons expérimenté notre matériel de formation. Enfin, comme ce guide est largement inspiré de recherches menées dans le cadre du Programme d'aide à la recherche sur l'enseignement et l'apprentissage de la Direction générale de l'enseignement collégial, nous remercions toutes les personnes responsables de ce programme qui ont contribué au développement d'une pédagogie interculturelle au Québec.

TABLE
DES MATIÈRES

NOTIONS GÉNÉRALES DE COMMUNICATION INTERCULTURELLE

CHAPITRE 1

Nous venons de constater que la richesse génétique est faite de la diversité. Il semble clair que cette constatation dépasse le champ de la biologie (...) Il s'agit de reconnaître que l'autre nous est précieux dans la mesure où il nous est dissemblable.

Albert Jacquard

Quelles sont les notions utiles à la formation et au développement des habiletés à vivre dans un milieu multiculturel? Il n'est pas difficile de citer les termes erronés ou mal utilisés dont fait usage le langage usuel, y compris celui des médias. L'emploi répété du mot «race» comme catégorie classificatoire en est l'exemple le plus frappant. Toutefois, l'obstination dont semblent faire preuve les médias lorsqu'ils utilisent ce terme montre combien il est difficile de rompre avec cette habitude et qu'il ne suffit pas d'indiquer l'erreur au passage.

On s'étonnera peut-être d'apprendre qu'un journaliste n'avait jamais entendu dire qu'il était impropre de parler du «frappeur de race noire des Expos...». Pourtant, cela ne l'a pas empêché de continuer d'user de ce terme, considérant probablement que les mises en garde sont le fruit de débats scientifiques lointains et fumeux. De la même manière, il y a longtemps que l'on sait que la terre tourne autour du soleil, mais cela n'empêche personne de dire que le soleil se lève ou se couche. Cette formulation est acceptée comme un raccourci et n'a pas la prétention de se substituer au discours scientifique. La défense de l'usage du terme «race» pourrait tenir de la même logique si les conséquences n'en étaient pas plus graves: le soleil ne souffre guère des idées fausses que l'on entretient sur son mouvement...

L'efficacité des corrections apportées à l'emploi fautif de notions importantes telles que la notion de race augmenterait peut-être si celles-ci étaient présentées dans un ensemble cohérent plutôt qu'une à une. La structure de ce chapitre tient compte de cette exigence; le schéma présenté à la figure 1 (p. 3) la résume. Il faudrait aussi que le choix de ces notions et leur organisation soient guidés par des objectifs précis. Parmi les objectifs que nous avons considérés, trois nous sont apparus particulièrement importants. Le premier est l'analyse des fondements de la diversité humaine. Le deuxième et le troisième objectifs concernent l'initiation des personnes qui travaillent en milieu multiethnique à la communication interculturelle et aux stratégies de gestion de la diversité ethnique. Chacun de ces objectifs fera l'objet d'une section de ce chapitre.

Dans la première section, nous présentons et discutons quelques notions relatives à la diversité humaine. Nous montrons aussi quelles sont les différences entre le déterminisme biologique et le déterminisme culturel. Dans la deuxième section, nous définissons des notions liées à la communication interculturelle et exposons différentes facettes de la communication verbale et non verbale. Nous analysons également des phénomènes tels que le racisme, le harcèlement et la discrimination, qui constituent autant d'entraves à la communication interculturelle. Dans la troisième section, nous analysons quelques-unes des stratégies mises en place dans nos sociétés pour gérer les relations interethniques, telles que l'antiracisme, l'assimilationnisme, le multiculturalisme, l'interculturalisme et l'intégrationnisme.

Schéma des notions générales de communication interculturelle

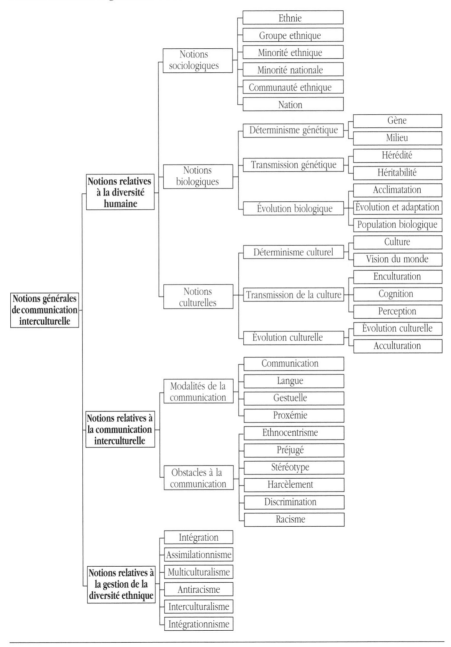

1.1 Notions relatives à la diversité humaine

Cette section portant sur la diversité humaine comporte trois parties. Dans la première partie, nous abordons des notions sociologiques utiles à la description des groupes humains définis sur le plan ethnique. Dans la deuxième et la troisième partie, nous nous appliquons à distinguer deux grandes classes de déterminants des différences entre les membres des populations humaines : il s'agit des déterminants biologiques et des déterminants culturels. Dans chacune de ces deux dernières parties, nous avons suivi le même plan en trois volets. Les différents facteurs, biologiques ou culturels, qui jouent un rôle déterminant chez l'individu en tant que membre d'un groupe sont d'abord présentés, puis la façon dont ces facteurs déterminants sont transmis d'une génération à l'autre. Enfin, nous discutons de la façon dont ces déterminants peuvent évoluer.

■ NOTIONS SOCIOLOGIQUES

C'est parce qu'ils appartiennent à des populations biologiques ou culturelles que les individus sont soumis à une certaine forme de déterminisme. En effet, c'est à des populations que se rapportent des facteurs déterminants tels que l'hérédité et l'éducation. Aussi importe-t-il, avant de présenter le déterminisme biologique et le déterminisme culturel, d'établir un vocabulaire servant à décrire, en accord avec notre problématique, les groupes auxquels les individus sont susceptibles d'appartenir. Comment les appeler ? Des groupes ethniques ? Des communautés culturelles ? Des minorités visibles (ou invisibles !) ? Des notions sociologiques comme celles d'ethnie, de groupe ethnique, de communauté ethnique ou culturelle, de nation et de minorité ethnique ou nationale permettent de mieux décrire cette réalité.

ETHNIE

L'ethnie est une population humaine qui se définit, en vertu d'une conscience collective d'appartenance, par une culture et une histoire communes à ses membres.

Le terme *ethnie* se définit sur les plans culturel et historique, mais d'aucune façon sur le plan biologique. C'est une précision nécessaire parce qu'on trouve parfois, dans la littérature, des références à des traits biologiques dans la liste des éléments communs partagés par les membres d'une ethnie. Ce genre de confusion entre communauté historico-culturelle et communauté biologique est encore trop courant. Il découle en partie du fait que la notion d'ethnie a été suggérée par l'UNESCO pour remplacer celle de race, après la déclaration[1] de cet organisme sur le racisme devant la science. Certains auteurs se sont alors contentés de changer de mot sans changer le concept. C'est ainsi que, dans le vocabulaire populaire, être d'une ethnie ou d'une culture différente signifie ce qu'être d'une autre race a déjà voulu dire[2].

Dans un livre récent traitant des minorités ethniques au Québec, Julien Bauer montre bien la difficulté que présente encore la tâche de distinguer le concept d'«ethnie» de celui de «race»[3]. La confusion vient sans doute du fait qu'une population humaine dont les membres partagent une histoire et une culture communes présente souvent une distribution relativement homogène de certains traits biologiques. Mais la notion d'ethnie ne renvoie pas à ce bagage biologique partagé, qui se rattache à la notion de population biologique. La confusion entre «race» et «ethnie» vient aussi de ce que, dans les sciences sociales, «le terme de "race" (ou le qualificatif "racial"), ne dénote plus l'hérédité bio-somatique, mais la perception des différences physiques, en ce qu'elles ont une incidence sur les statuts des groupes et des individus et les relations sociales[4].» Pour certains, le terme de race servirait ainsi à désigner une ethnie dont les membres reconnaissent avoir en commun des traits bio-somatiques. Cet usage a cependant l'effet pernicieux de sanctionner l'emploi courant du mot «race» en laissant entendre qu'une telle catégorisation basée sur la perception des différences phénotypiques renvoie à une réalité objective. C'est pourquoi nous préférons définir l'ethnie comme un phénomène d'appartenance culturelle, même lorsque cette appartenance se donne une signature biologique.

La définition stricte que nous donnons de la notion d'ethnie est aujourd'hui partagée par une vaste majorité d'anthropologues. L'insistance des chercheurs à distinguer la culture de la biologie dans de telles définitions

---

[1]   Citée et commentée par un de ses auteurs dans: Ashley Montagu, *Man's Most Dangerous Myth — The Fallacy of Race*, New York, Meridian Books, 1965, p. 361-380. La *Déclaration sur la race et les préjugés raciaux*, adoptée par la Conférence générale à sa vingtième session (Paris, UNESCO, 27 novembre 1978, 6 p.) est une synthèse de cette déclaration.
      Également: UNESCO, *Racisme, science et pseudo-science*, Paris, UNESCO, coll. Actuel, 1982, 162 p.

[2]   Colette Guillaumin, «Avec ou sans race?», dans *Le Genre Humain II*: «La société face au racisme», automne-hiver 1984-1985, p. 215-222 (Bruxelles, Éditions Complexe).

[3]   Julien Bauer, *Les minorités au Québec,* Montréal, Boréal, coll. Boréal Express n° 10, 1994, p. 12.

[4]   Philippe Poutignat et Jocelyne Streiff-Fenart, *Théories de l'ethnicité*, Paris, Presses Universitaires de France, coll. «Le sociologue», 1995, p. 43.

découle du constat de l'indépendance entre, d'une part, les données morphobiologiques d'une population et, d'autre part, son lot hérité de traditions et d'histoire.

La résurgence, en cette fin de siècle, des mouvements d'affirmation ethnique nous apprend que l'identité ethnique est une donnée du processus d'auto-identification individuelle et collective. L'appartenance ethnique, qui se construit de façon dynamique au cours du processus de l'ethnogenèse, renvoie plus à un phénomène identitaire qu'à une catégorisation sociale; par conséquent, ce sont les membres d'une population qui se donnent leur propre identité ethnique plutôt que des observateurs extérieurs.

GROUPE ETHNIQUE

Un groupe ethnique est un groupe social qui, au sein d'une société, se définit par son sentiment d'appartenance à une ethnie. Il est inscrit à l'intérieur d'une société, d'un État, et s'est constitué à l'occasion d'un premier peuplement ou à la suite de conquêtes, de colonisations et de migrations.

Toutes les populations humaines qui se définissent par leur appartenance ethnique font partie de sociétés plus vastes, comme des États. Au sein de cet ensemble, les groupes ethniques forment des entités aux limites plus ou moins nettes et ils évoluent dans des directions variables allant de la fusion à l'affirmation autonomiste. L'importance des frontières du groupe ethnique apparaît parfois comme un critère de définition plus important que la référence à une communauté culturelle. C'est ce que décrit Fredrik Barth, qui soutient que «dans cette perspective, le point crucial de la recherche devient la frontière qui définit le groupe [ethnique], et non le matériau culturel qu'elle renferme[5].»

Tant sur le plan politique que sur le plan juridique, la situation des groupes ethniques n'est pas la même selon qu'ils ont été intégrés dans la société plus vaste à la suite de conquêtes, d'échanges esclavagistes, de colonisations ou d'une émigration volontaire. Ces différences sont essentiellement déterminées par des droits juridiques et constitutionnels dans les pays où évoluent les groupes ethniques.

---

[5]   Fredrik Barth, «Les groupes ethniques et leurs frontières», dans Philippe Poutignat et Jocelyne Streiff-Fenart, *Théories de l'ethnicité*, Paris, Presses Universitaires de France, coll. «Le sociologue», 1995, p. 213.

COMMUNAUTÉ ETHNIQUE (OU CULTURELLE)

Au sein d'une société d'accueil plus large, une communauté ethnique, aussi appelée communauté culturelle, est un groupe ethnique organisé composé d'immigrants et de leurs descendants arrivés après la constitution du pays d'accueil et qui partagent un héritage culturel distinct (langue, religion, traditions).

Tout en étant formée de citoyens du pays d'accueil ou d'individus en voie de le devenir, la communauté ethnique conserve un caractère distinct et continue de se référer à son origine, et ce malgré les pertes et les ajouts culturels qui l'ont marquée depuis sa création. Cette définition rejoint celle de nombreux ethnologues et sociologues des relations interethniques qui lient la notion de communauté culturelle à celle de sous-culture[6]. Elle se rapproche également de celles qui ont été établies par des chercheurs québécois. Le *Rapport du comité sur l'école québécoise et les communautés culturelles*, cité par Julien Bauer[7], définit ainsi la communauté culturelle : «Toute communauté distincte des Amérindiens et des Inuit et des communautés d'origine française et britannique, distincte par ses caractéristiques physiques, par sa langue, par ses institutions, par ses coutumes, par ses croyances religieuses et par les valeurs selon lesquelles elle structure son mode de vie. Chaque communauté peut avoir en commun une ou plusieurs de ces caractéristiques et elle peut aussi en partager l'une ou l'autre avec une communauté d'accueil. En dernière analyse, le fait de partager des caractéristiques communes amène la plupart des individus à développer un sentiment d'appartenance.» À l'exception des «caractéristiques physiques», que l'on doit éviter d'inclure dans la notion d'ethnie, tous les autres attributs cités par le rapport du comité présidé par M. Chancy coïncident avec ceux que nous utilisons ici.

Dans certains cas, l'identité des communautés ethniques peut se maintenir longtemps, bien qu'elle puisse évoluer selon une logique différente de celle de leur milieu d'origine ; dans d'autres cas, elle peut disparaître rapidement par fusion à l'ensemble national plus vaste.

Des membres des communautés ethniques peuvent être victimes de préjugés ou de traitements discriminatoires basés sur des critères d'apparence physique, souvent qualifiés de motifs raciaux, ou sur des critères de religion ou de langue. On se sert notamment des chartes des droits de la personne, qui s'appliquent à tous les citoyens, pour protéger les membres des communautés culturelles victimes de ces traitements.

---

[6] G. Martin et Clyde W. Franklin, *Minority Group Relations*, Columbus (Ohio), Charles E. Merrill Publishing Company, 1973, p. 85.

[7] Julien Bauer, *op. cit.*, p. 23.

> **NATION**
>
> Une nation est un groupe ethnique, d'origine autochtone ou provenant d'une immigration assez ancienne, qui habite un pays ou une partie de son territoire et qui a pu participer à sa création.

La nation est en quelque sorte un «statut» que s'attribue un groupe ethnique à la suite de sa participation à la construction du pays qu'il occupe. Ce statut lui confère des droits politiques, juridiques et constitutionnels particuliers, notamment le droit à l'autodétermination. La nation contient donc les éléments de définition d'une ethnie (sentiment d'appartenance, éléments de culture commune, consensus sur certaines règles sociales fondamentales), auxquels s'ajoute «une volonté partagée de développement collectif soutenue et arbitrée par un État souverain[8]».

Rares sont les pays où l'État coïncide avec la nation. La plupart des pays comprennent plus d'une nation, ou du moins: ils en comprenaient plus d'une, à leur origine. Cependant, la dynamique des États modernes a fait que beaucoup de groupes ethniques à caractère national ont fusionné, au fil de l'histoire, et ont forgé une nouvelle identité liée à l'appartenance à l'État. Comme le souligne Caratini : «En leur temps, ces fusions n'ont pas été le produit de facteurs spontanés ou d'affinités électives... Elles furent le résultat d'actes artificiels : traités, conquêtes militaires, union de deux maisons seigneuriales par exemple[9].» À la longue, la cohabitation a ainsi amené ces groupes à construire une communauté de langue, de coutumes et de mode de vie et à se rallier à un objectif commun pour le présent et pour l'avenir.

La plupart des membres des communautés ethniques effectuent ce mouvement de fusion avec l'identité définie par la citoyenneté du pays d'accueil. On observe alors une correspondance entre l'appartenance nationale et la citoyenneté. L'identité de citoyen a une portée juridique, alors qu'il n'en va nécessairement ainsi de l'appartenance à une nation.

Dans un pays constitué par plusieurs groupes ethniques, on peut s'attendre à ce que les questions nationales fassent l'objet de nombreux débats. Au Canada, par exemple, la notion de nation s'applique certainement à ceux que nous appelons les «deux peuples fondateurs» (les Canadiens français et les Canadiens anglais), mais elle s'applique aussi, bien que cela soit beaucoup

---

[8] Gérard Bouchard, «La nation au singulier et au pluriel. L'avenir de la culture nationale comme "paradigme" de la société québécoise», *Cahiers de recherche sociologique*, n° 25, 1995, p. 79.

[9] Roger Caratini, *La force des faibles. Encyclopédie mondiale des minorités,* Paris, Larousse, 1987, p. 192.

moins évident sur le plan politique, aux nations autochtones. On constate en effet que la reconnaissance des nations amérindiennes du territoire canadien n'a pas encore d'effet politique réel.

MINORITÉ, MINORITÉ ETHNIQUE, MINORITÉ NATIONALE

Une minorité est un groupe social qui est en situation de subordination à l'intérieur d'une société et dont les membres subissent une discrimination de droit ou de fait. Lorsque ce groupe social est un groupe ethnique, il est caractérisé comme minorité ethnique. Dans le cas particulier où la minorité ethnique possède les caractères d'une nation, elle est appelée minorité nationale.

Toute minorité est associée à un statut social inférieur, résultat d'une discrimination plus ou moins organisée. Bien qu'étant le plus souvent en situation d'infériorité démographique au sein d'une société plus vaste, une minorité ne tire pas sa définition de ce rapport numérique, mais de sa situation sociopolitique : «Conformément à l'emploi qu'en font les politiciens et les spécialistes des sciences sociales, le terme "minorité" dénote nécessairement une subordination au groupe dominant au sein d'une société. C'est cette subordination, plutôt que le fait d'être une minorité numérique, qui constitue la caractéristique clé de la définition d'un groupe minoritaire[10].»

Il peut se former toutes sortes de minorités dans une société, dès lors qu'un groupe de personnes peut subir une discrimination sur la base de caractéristiques partagées très différentes. On connaît, par exemple, la «minorité homosexuelle» ou les «minorités de personnes handicapées». Les femmes constituent, dans la mesure où elles sont victimes de discrimination, une «minorité féminine». Une forme de discrimination fréquente s'appuie sur des traits physiques héréditaires, comme la couleur de la peau. Dans ce cas, les personnes qui exercent une discrimination font un usage tout à fait erroné de la notion de «race»[11] pour justifier leurs actions. On désigne les groupes de victimes de la discrimination raciale de «minorités raciales» ou parfois de «minorités visibles». Une autre forme de discrimination s'exerce sur les membres d'un groupe qui partagent une même langue : on parle alors de «minorité linguistique». De la même manière, il existe des «minorités religieuses». Lorsqu'un groupe ethnique fait l'objet de discrimination sur la

---

[10] «As the term is used by politicians and social scientists, a minority is necessarily subordinate to the dominant group within a society. This subordinancy, rather than a numerical minority, is the chief defining characteristic of a minority group.» Passage tiré de l'article «Minority», dans *Britanica Online, Encyclopædia Britannica,* 15ᵉ éd., 1995.

[11] Voir plus loin la notion de «population biologique».

base de motifs tels que ceux qui viennent d'être présentés ou tout autre motif relatif à ses caractéristiques ethniques, on le caractérise de minorité ethnique[12].

La Charte canadienne des droits et libertés et la Charte des droits et libertés de la personne du Québec protègent les citoyens contre les multiples formes de discrimination dont sont victimes les diverses minorités. Mais les membres d'une minorité ethnique disposent en plus d'une protection juridique internationale.

L'article 27 du Pacte international relatif aux droits civils et politiques de l'Assemblée générale de l'Organisation des Nations Unies établit un cadre de protection de la spécificité des minorités ethniques : «Dans les États où il existe des minorités ethniques, religieuses ou linguistiques, les personnes appartenant à ces minorités ne peuvent être privées du droit d'avoir, en commun avec les autres membres de leur groupe, leur propre vie culturelle, de professer et de pratiquer leur propre religion, ou d'employer leur propre langue[13].» On peut se demander si le terme de minorité ethnique utilisé dans cet article peut être appliqué au cas des communautés ethniques dont les membres sont victimes de discrimination ou s'il doit être limité aux groupes ethniques de caractère national[14]. Dans son ouvrage *Les minorités. Quelle protection ?*, Joseph Yacoub décrit en détail les efforts déployés aux Nations Unies pour arriver à préciser la notion de minorité ethnique[15]. Ces travaux ont abouti à l'adoption par l'Assemblée générale (résolution 48/138 du 20 décembre 1993) de la Déclaration sur les droits des personnes appartenant à des minorités nationales ou ethniques, religieuses ou linguistiques. Cette déclaration marque un net progrès par rapport à l'article 27 en ce sens qu'elle énonce formellement les obligations des États à l'égard de la défense et de la promotion de leurs minorités. Mais la notion même de minorité ethnique ou nationale n'est pas clairement définie. Dans ce contexte, nous suggérons de faire la distinction entre la minorité ethnique, terme générique désignant tout groupe ethnique victime de discrimination, qu'il soit de caractère national ou issu d'une immigration récente, et la minorité nationale.

---

[12] Le juge québécois Jules Deschênes a remis aux Nations Unies en 1985 une proposition de définition de la minorité qui se lit comme suit : «Un groupe de citoyens d'un État, en infériorité numérique et en situation non dominante dans cet État, dotés de caractéristiques ethniques, religieuses ou linguistiques différentes de celles de la majorité de la population, solidaires les uns des autres, animés, fût-ce implicitement, d'une volonté collective de survie et visant à l'égalité en fait et en droit avec la majorité.» Cité dans Joseph Yacoub, *Les minorités. Quelle protection ?*, Paris, Desclée de Brouwer, coll. «Habiter», 1995, p. 326.
[13] Cité dans Julien Bauer, *op. cit.*, p. 11.
[14] Jean-Marc Léger, «De l'usage imprudent du terme "minorité"», *Le Devoir*, 25 janvier 1995.
[15] Joseph Yacoub, *Les minorités. Quelle protection ?*, Paris, Desclée de Brouwer, coll. «Habiter», 1995, 398 p.

Nous désignons par «minorité nationale» un groupe ethnique de caractère national qui subit une certaine forme de discrimination, soit de fait, soit de droit. La discrimination qui l'affecte limite particulièrement la pleine reconnaissance de ses droits, notamment de son droit constitutionnel à l'autodétermination.

Pour lutter contre la discrimination, les minorités nationales peuvent mettre en place des stratégies «centripètes» ou «centrifuges», selon la distinction tracée par Caratini: «Les forces mises en jeu dans les rapports entre une minorité et l'État national dont elle fait partie peuvent être centripètes (la minorité revendiquant l'intégration et l'assimilation juridique totale à la communauté nationale) ou centrifuges (autonomisme, séparatisme). Dans le premier cas, il s'agit en général d'une minorité victime de lois de discrimination (…) ou d'une situation historique qui a engendré une discrimination de fait (…). Ces minorités réclament la reconnaissance *de jure* et *de facto* de leur citoyenneté. (…) Les exemples opposés (…) montrent l'effet des relations centrifuges. Ce n'est plus l'accession réelle à la citoyenneté qui est demandée, mais un traitement différent de celui qui est administré aux autres citoyens, voire même la non-citoyenneté et l'indépendance. Il y a évidemment toute une série de degrés dans cette tendance (…)[16].» Il est clair que ces stratégies ne sont jamais figées et sont souvent soutenues par des factions différentes au sein de la minorité.

COMMENT DÉFINIR UNE POPULATION

La figure 2 (p. 12) représente un arbre de décision qui permet de choisir la meilleure appellation pour une population. Il va de soi que les décisions que vous prendrez en utilisant cet arbre varieront en fonction de l'analyse que vous ferez de la population que vous aurez choisie. Ainsi, l'utilisation de l'arbre ne garantit pas que tous donneront la même définition d'une population donnée, mais il leur permettra de connaître exactement leurs points de désaccord.

Pour définir une population humaine, il faut d'abord savoir si on cherche à circonscrire un ensemble d'individus ayant en commun des traits biologiques ou des traits socioculturels. Dans le premier cas, il s'agit d'une *population biologique*. Dans le deuxième cas, c'est-à-dire dans le cas où les membres de la population partagent un sentiment d'appartenance basé sur une langue, une histoire et une culture communes, cette population constitue une *ethnie,* et plus précisément un *groupe ethnique.* Autrement, elle fait partie d'un autre type de communauté.

---

[16]   Roger Caratini, *op. cit.,* p. 198-199.

Si les membres d'un groupe ethnique sont victimes de lois ou de pratiques discriminatoires relatives à leur appartenance ethnique, alors ils sont considérés comme appartenant à une *minorité ethnique*. Si cette minorité ethnique possède en plus les attributs d'une nation dont les droits constitutionnels, notamment le droit à l'autodétermination, ne sont pas pleinement reconnus, alors elle sera reconnue comme *minorité nationale*.

❖ **FIGURE 2**

Comment définir une population

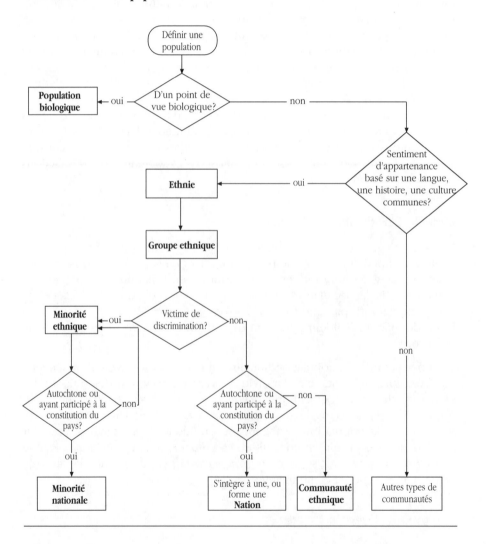

Un groupe ethnique qui n'est pas victime de discrimination et qui a pu participer à la constitution du pays où il se trouve, que ce soit en tant que groupe autochtone ou en tant que groupe d'immigration assez ancienne, forme une *nation* ou s'y intègre. Si un groupe ethnique non victime de discrimination provient d'une immigration assez récente qui s'est effectuée dans le pays d'accueil déjà constitué, il est caractérisé comme une *communauté ethnique* ou *culturelle*. Le terme de minorité ethnique est assez général pour comprendre à la fois les communautés ethniques ou culturelles dont les membres font l'objet de discrimination sur la base de leur appartenance ethnique et les minorités nationales.

■ NOTIONS BIOLOGIQUES

Dans l'esprit de beaucoup de gens, tout ce qui a trait à l'ethnicité renvoie à une base naturelle qui se traduit le plus souvent dans des termes empruntés à la biologie : «Pour eux, c'est naturel. Ils naissent comme cela» ou «Ils ont ça dans le sang.» Certains, se sachant plus avertis, préciseront que «c'est dans les gènes» ou que «c'est héréditaire», mais bien peu hésitent à lier comportement et génétique et beaucoup pensent recourir en toute bonne foi à la notion de race. Dans les pages qui suivent, nous étudierons en profondeur ces notions qui sont utilisées pour faire le pont entre la biologie et le comportement et nous montrerons qu'il est, dans les faits, extrêmement difficile de faire ce lien[17].

L'importance que nous accordons aux notions biologiques ne vient pas du rôle que les réalités couvertes par ces termes jouent dans la diversité des populations, mais du fait que les discours racistes s'appuient souvent sur des arguments biologiques dont la force de conviction serait réduite à rien si leurs auditeurs pouvaient en évaluer les limites scientifiques. Nous présentons donc les informations qui suivent dans le but d'armer les esprits contre les abus de sens.

LE DÉTERMINISME GÉNÉTIQUE

Personne ne mettra en doute le fait qu'une bonne partie de ce que nous sommes provient de notre être biologique, mais tout le monde conviendra aussi que les habitudes de vie et l'éducation nous modèlent également. Il y aurait donc deux sources d'influences agissant sur nous : l'hérédité ou les

---

[17] Le livre de Jean-François Skrzypczak : *L'inné et l'acquis : inégalités «naturelles», inégalités sociales* (3e éd., Lyon, Chronique sociale, coll. Synthèse, 1989, 201 p.) est un bon ouvrage de vulgarisation des concepts relatifs à la base génétique des différences humaines.

gènes, d'une part, et le milieu ou l'environnement, d'autre part. Tableau assez simple qu'il n'est pas toujours facile d'appliquer à des traits précis, surtout à des comportements où se mêlent les deux types d'influences.

Les notions qui suivent permettront au lecteur de mieux comprendre ces cas d'influences combinées qui ne permettent pas de séparer nettement le déterminisme génétique du déterminisme du milieu.

GÈNE

Le gène est un segment de chromosome intervenant dans la manifestation de traits biologiques de l'organisme qui en est porteur. Un gène n'agit presque jamais seul : la plupart du temps, il combine ses effets à ceux d'autres gènes ainsi qu'à l'apport du milieu.

Chacune de nos cellules possède des milliers de gènes. Parmi ceux-ci, il s'en trouve beaucoup qui sont sans effet. D'autres, en revanche, jouent un rôle déterminant dans le façonnement de l'organisme. Tels les musiciens d'un immense orchestre symphonique, chacun de ces gènes joue sa partition d'une manière intermittente, n'intervenant qu'à certains moments. La survie et le développement de l'organisme résultent ainsi en grande partie du concert de tous ces gènes. Mais qu'entendrions-nous d'un orchestre dont les musiciens, face à leur partition, seraient privés de leurs instruments? Pour se manifester, le gène a aussi besoin d'un instrument, et c'est le milieu dans lequel vit l'organisme qui le lui fournit. Tout comme la musique, qui ne naît pas seulement de la lecture que fait un musicien de sa partition mais exige sa transposition sur un instrument bien tangible, la vie ne procède pas directement du message génétique, mais plutôt de sa mise en œuvre grâce à des matériaux fournis par l'environnement. La combinaison des gènes, d'une part, et l'interdépendance qui existe entre eux et le milieu, d'autre part, s'observent à trois moments précis au cours du processus qui conduit du message génétique au fonctionnement d'un organisme.

Dans un premier temps, un gène actif déclenche la fabrication d'une protéine spécifique formée initialement d'un assemblage d'acides aminés qui proviennent de la nourriture tirée du milieu externe et qui sont disponibles dans la cellule. Dans un deuxième temps, la protéine commandée par un gène sert, selon sa structure biochimique, soit de matériau pour la fabrication de tissus, soit d'agent de contrôle dans la régulation de l'activité des cellules. Dans un cas comme dans l'autre, elle fait ce travail en se combinant à de nombreuses autres protéines commandées par autant d'autres gènes. L'inter-action de ces différentes protéines peut prendre des directions très variées : une protéine peut stimuler l'effet d'une autre protéine, mais elle peut aussi l'atténuer ou même l'inhiber. Dans un troisième et dernier temps, l'activité de la cellule varie continuellement en fonction de ses interactions avec le milieu externe. L'activité combinée de centaines de milliers de cellules réagissant à la fois à certaines conditions du milieu et aux effets coordonnés de centaines de protéines donne finalement ce qu'on appelle un caractère ou un trait.

Quand les biologistes affirment qu'un trait est génétique, c'est qu'ils sont capables de dire que telles conditions environnementales sollicitent dans tels types de cellules telles protéines, dont la fabrication a été commandée par tels segments de chromosomes[18]. Toutefois, en pratique, cela constitue une tâche ardue qui n'a pu être réalisée que pour des traits peu ou pas influencés par le milieu et qui ne sont gouvernés que par un seul gène.

MILIEU

Le milieu désigne, en génétique, l'ensemble des conditions internes et externes de l'organisme, d'origine naturelle ou artificielle, chimiques, physiques ou comportementales, qui interviennent avec le matériel génétique pour déclencher, inhiber ou moduler la manifestation des traits biologiques.

Le milieu peut donc intervenir à plusieurs endroits de la chaîne des effets génétiques. Tout d'abord, il peut modifier la structure et donc les effets de certains chromosomes (mutation). Dans le cas d'un individu, ces mutations, ne touchant que quelques cellules isolées, ont habituellement une incidence négligeable, sauf dans le cas d'agressions majeures conduisant par exemple aux cancers. Si ces cellules affectées interviennent dans une procréation (gamètes), alors la mutation (si elle est viable) fera partie intégrante du matériel génétique d'un nouvel individu.

Le milieu intervient ensuite en fournissant, par l'alimentation, les acides aminés nécessaires à la synthèse des protéines.

Enfin, bien sûr, le milieu intervient dans les réactions des cellules de l'organisme qui y évolue. On sait par exemple que le diabète, une maladie héréditaire qui dérègle le mécanisme de fabrication de l'insuline (une protéine complexe), peut être contrôlé par un régime pauvre en sucre et en hydrates de carbone.

---

[18] On trouve une bonne présentation des relations entre gènes, milieu et trait dans le deuxième chapitre, intitulé «Gènes, environnement et organisme», de l'ouvrage de Richard Lewontin, *La diversité des hommes — L'inné, l'acquis et la génétique*, Paris, Pour la science — Diffusion Belin, 1984, 179 p.

LA TRANSMISSION GÉNÉTIQUE

L'héritage biologique de l'individu correspond à ce qu'on appelle son hérédité. Les mécanismes de transmission des gènes d'une génération à la suivante sont bien connus; leur compréhension peut rendre de grands services, en particulier pour le dépistage de maladies héréditaires. Malheureusement, l'hérédité de nombreux traits est loin d'être connue. Bien qu'on y soupçonne parfois une certaine part de déterminisme biologique, il est encore difficile de départager l'influence respective des gènes et du milieu. Dans ces cas, les généticiens ont recours à d'autres méthodes, dont celle du calcul de l'héritabilité d'un trait. Nous nous attarderons maintenant aux notions d'hérédité et d'héritabilité, trop souvent confondues.

HÉRÉDITÉ

L'hérédité est la transmission des gènes des parents à leurs enfants.

Tout individu est porteur de la moitié des chromosomes de son père et de la moitié de ceux de sa mère. Les mécanismes de transmission des gènes répondent en grande partie à des lois que l'on appelle «lois de l'hérédité». Cependant, des mécanismes liés au hasard interviennent ici, et ils ne peuvent être prévus par des lois simplificatrices.

Par ailleurs, l'hérédité subit des perturbations autres que celles dont le hasard est responsable. Comme nous l'avons vu plus haut dans la présentation du *gène* et du *milieu*, les conditions environnementales jouent aussi un rôle prépondérant dans l'expression de l'hérédité.

Mais de quel recours disposent les généticiens quand ils s'avouent incapables d'identifier le ou les gènes responsables d'un trait ou de départager l'influence génétique de l'effet du milieu, alors même qu'ils continuent de soupçonner l'existence d'un «champ héréditaire»? Il leur reste dans ces conditions la possibilité de mesurer la validité de leur soupçon. Cette mesure s'appelle l'héritabilité.

HÉRITABILITÉ

L'héritabilité est une mesure estimée du déterminisme génétique d'un trait que l'on obtient en calculant le rapport entre la variance de ce trait au sein d'un groupe dont les membres partagent les mêmes gènes et celle de la population dont ce groupe fait partie.

CHAPITRE 1

Pour évaluer l'importance du déterminisme génétique d'un trait complexe pour lequel la chaîne : segment de chromosome ⟶ protéine ⟶ réaction de l'organisme à son milieu ne peut être reconstituée, on doit avoir recours à la technique approximative du calcul de l'héritabilité. Le principe de ce calcul est le suivant : si la manifestation d'un trait est fortement influencée par des gènes, la dispersion de ce trait devrait être plus réduite au sein d'un groupe partageant les mêmes gènes qu'au sein d'une population présentant une hétérogénéité génétique. La mesure de l'étroitesse relative de la dispersion des personnes qui sont apparentées donne l'héritabilité de ce trait[19].

Par exemple, on pourrait estimer l'héritabilité de la calvitie en comparant la dispersion de ce trait chez des hommes de même famille (père-fils ; frère-frère) et chez l'ensemble des hommes de la population de référence. On constaterait aisément que l'héritabilité de ce trait est élevée : il y a des familles à forte incidence de calvitie et d'autres où elle est absente. De la même façon, on a pu calculer l'héritabilité du quotient intellectuel (Q. I.) en remarquant que la dispersion de ce trait était plus étroite chez des personnes apparentées qu'au sein de l'ensemble de la population : il y a des familles à forte incidence de Q. I. élevé et d'autres où il est constamment faible. On a donc pu affirmer que des recherches avaient démontré que le quotient intellectuel avait un haut indice d'héritabilité. De là à dire que l'intelligence était héréditaire, il n'y avait qu'un faux pas.

D'où provient alors cette erreur si fréquente qui consiste à confondre hérédité et héritabilité ? Tout d'abord, le calcul de l'héritabilité repose sur la conviction qu'une faible variance intrafamiliale découle forcément du fait que les proches parents partagent un lot important de gènes. Or, la faible dispersion (ou variance) des valeurs d'un trait entre des sujets proches parents n'est pas toujours attribuable à la communauté de leurs gènes, car une famille partage bien plus que des gènes. Le mode de vie et les valeurs mises de l'avant dans un milieu familial peuvent constituer des déterminants environnementaux puissants, en particulier dans le cas du Q. I. L'héritabilité élevée de l'intelligence pourrait donc tout autant résulter du déterminisme environnemental familial que du déterminisme génétique.

Ensuite, il faut comprendre que la mesure de l'héritabilité est nécessairement relative au degré de dispersion d'un trait au sein d'une population de

[19] Richard Lewontin, *La diversité des hommes — L'inné, l'acquis et la génétique*, Paris, Pour la science — Diffusion Belin, 1984, p. 70-79.
James Lawler, *Intelligence, génétique, racisme*, Paris, Éditions sociales, 1978, p. 171-201.
Albert Jacquard, *Au péril de la science — Interrogations d'un généticien*, Paris, Seuil, coll. Science ouverte, 1982, p. 120-124.
Albert Jacquard, *L'héritage de la liberté — De l'animalité à l'humanitude*, Paris, Seuil, coll. Science ouverte, 1986, p. 95-109.

référence, puisqu'on l'obtient en comparant la variance intrafamiliale à celle de l'ensemble de la population. Un même trait peut donc avoir une héritabilité différente selon les populations où il a été observé. Illustrons cela en reprenant l'exemple de la calvitie. Dans une population où la vaste majorité des hommes est chauve, l'héritabilité de ce trait (calculée en comparant sa dispersion au sein des familles à une dispersion semblable dans toute la population) sera obligatoirement faible. Cela ne signifiera pas que l'influence des gènes sur la calvitie y sera moindre que dans une autre population où, peu d'hommes étant frappés de calvitie, on aura constaté que les chauves tendent à se concentrer dans certaines familles.

L'ÉVOLUTION BIOLOGIQUE

Il est très important de distinguer deux types de transformations observables du matériel biologique. Au cours de son existence, un individu peut observer sur lui-même et sur ses semblables des modifications non permanentes qui lui permettent de s'ajuster à son milieu. Ce type de réaction s'appelle l'acclimatation. Par exemple, la couleur de certaines peaux fonce après une exposition aux rayons ultraviolets. Cette réaction de défense ne modifie pas autre chose que la coloration de la peau. Les gènes de la personne dont la couleur de peau a changé n'ont pas été modifiés. C'est un exemple d'acclimatation.

Mais il y a aussi des transformations permanentes qui, elles, n'affectent pas les individus mais des populations entières, après des générations : elles résultent de l'adaptation. Par exemple, il est probable que les populations humaines aient vu la proportion des gènes qui contrôlent la couleur de la peau changer au cours de millénaires parce qu'elles avaient dû s'adapter soit à une forte exposition au soleil (peaux foncées), soit à une très faible exposition (peaux claires).

La distinction entre l'acclimatation et l'adaptation que nous présentons dans cette section devrait permettre de répondre à des questions comme : «Est-ce que les Noirs qui ont émigré dans des pays nordiques vont changer de couleur au fil des générations?»

C'est dans ces pages également que nous discutons de la notion de race, qui a déjà servi à décrire une population que l'on pensait nettement différente de ses voisines par la possession de traits particuliers résultant de l'adaptation. Des décennies d'études ne sont pas parvenues à établir l'existence de populations humaines possédant des traits franchement distinctifs. Nous verrons donc qu'aujourd'hui les biologistes préfèrent parler de populations biologiques plutôt que de races pour désigner des groupes régionaux dotés de caractères génétiques distincts, mais non exclusifs.

ACCLIMATATION

L'acclimatation désigne le processus physiologique de réponse de l'organisme à des changements importants dans les conditions environnementales. Les ajustements déclenchés par l'organisme ne sont pas permanents.

Comme nous l'avons vu, les traits d'un organisme sont le résultat de réponses programmées dans les gènes à des conditions environnementales. Ces réponses peuvent être fixes ou élastiques, c'est-à-dire qu'elles peuvent être insensibles à des variations de conditions du milieu, ou qu'elles peuvent s'ajuster à l'intensité d'une condition donnée. Par exemple, certaines peaux très pâles ne réagissent pas à l'exposition au soleil : elles brûlent. D'autres, au contraire, réagiront en sécrétant un pigment, la mélanine, qui les protégera de la brûlure. Dans ce cas, la couleur de la peau déterminée par les gènes n'a pas une valeur unique mais une gamme de valeurs variant selon l'intensité de l'exposition aux rayons ultraviolets. Cette variation se nomme «acclimatation». Elle n'a pas d'effet à long terme ou irréversible, et n'est pas non plus transmissible. En effet, vous n'aurez pas un bébé avec une peau plus foncée parce que vous l'avez conçu alors que vous étiez bronzés.

ÉVOLUTION ET ADAPTATION

Le processus de l'évolution biologique est le résultat de plusieurs mécanismes complexes, dont la sélection naturelle, les mutations, le hasard et le métissage.

La sélection naturelle. – De génération en génération, les porteurs de gènes plus «efficaces» sur le plan de la reproduction laissent une descendance plus nombreuse, sur-représentant ainsi leur bagage génétique. Après plusieurs générations, la proportion de porteurs de l'ensemble des gènes «efficaces» aura augmenté, faisant de cette population une population mieux «adaptée» à son milieu.

Les mutations. – Des modifications accidentelles du matériel génétique, provoquées par des agents chimiques ou physiques, peuvent occasionnellement avoir pour effet d'avantager, sur le plan de la sélection naturelle, leurs porteurs.

Le hasard. – Parce qu'elle n'est jamais représentative de tout ce que ses parents auraient pu engendrer, une progéniture verra ses caractères se manifester dans des proportions différentes de celles de la génération mère.

Le métissage. – Le brassage des populations amène chaque génération à «rencontrer», au moment de la procréation, des ensembles de gènes nouveaux.

L'adaptation est un processus biologique évolutif, résultant surtout de la sélection naturelle, qui affecte de façon permanente la structure génétique d'une population au cours des générations et dans un milieu donné.

Que se passe-t-il, à long terme, quand plusieurs populations, se trouvant isolées et soumises à des influences différentes, se mettent à évoluer indépendamment les unes des autres? Leur évolution parallèle pourra se poursuivre jusqu'au point où, ayant accumulé des différences importantes, elles formeront des sous-espèces (ou races), puis éventuellement, lorsque l'accumulation des différences sera telle qu'elles ne pourront plus se reproduire entre elles, des espèces différentes.

En biologie, on considère que toutes les populations humaines appartiennent à la même espèce, mais on peut se demander s'il est possible de classer ces populations en sous-espèces, en races.

POPULATION BIOLOGIQUE

Une population biologique, c'est une unité d'observation et d'analyse d'une espèce, définie sur les plans géographique et génétique. Cette notion tend à remplacer celle de «race», en particulier dans le cas de l'espèce humaine.

Que l'évolution biologique soit le résultat du hasard ou de l'adaptation, elle donne lieu à une grande diversité de formes vivantes et de populations. Devant la diversité du monde vivant, les biologistes ont adopté, depuis longtemps, une attitude de collectionneurs. Le système de classification des biologistes, basé encore essentiellement sur la parenté relative entre la morphologie des spécimens, distingue des niveaux d'inclusion qui vont du plus grand au plus petit ensemble de populations partageant des traits communs. La sous-espèce (ou race), dans ce système, est le plus petit niveau d'une population animale. Le niveau supérieur à celui de la race est celui de l'espèce: une unité qui se distingue par la capacité de ses membres de se reproduire et d'engendrer des individus interféconds.

Chez les humains, tous les spécimens appartiennent à une même espèce. Cela est clair et acquis pour tous. Mais cette espèce est-elle divisée en races? On a cru pendant longtemps que les races humaines étaient des populations clairement identifiables mais, après enquête, il s'est avéré que les populations étaient beaucoup plus variées sur le plan biologique et dispersées qu'on ne l'avait imaginé au premier abord[20]. L'utilisation du terme race, dans le cas des populations humaines et peut-être dans le cas de nombreuses autres espèces animales, pose de sérieux problèmes. En effet, la notion de race soulève des difficultés de classification considérables; plusieurs en ont conclu que les races humaines étaient des constructions largement arbitraires et non le reflet d'une réalité objective. Devant l'échec des essais de classification des populations humaines au moyen de la notion de race, des biologistes ont exploré une autre voie à partir du début des années 60. Par des analyses statistiques poussées, certains ont cherché à retracer, à l'échelle mondiale, des lignes de démarcation entre les populations humaines dans la distribution de traits biologiques mesurables[21]. La «topographie» des populations mondiales devenait ainsi repérable sur des cartes (figure 3, p. 22-23).

Ces études ont été utiles dans le cas de petites populations isolées depuis longtemps, que l'on appelle des isolats. En revanche, dans les cas des populations humaines qui ont des échanges génétiques avec d'autres populations, ces études sur la distribution des fréquences de traits ont conclu à une énorme ressemblance entre les populations humaines. Quand on compare deux populations — par exemple les Européens et les Africains — avec comme indices les fréquences de nombreux gènes au sein de chacun de ces groupes, on est frappé par la ressemblance entre ces populations. En fait, presque 75% des gènes humains étudiés sont monomorphes, c'est-à-dire sans diversité aucune à l'intérieur d'une population ou entre les populations. Cela équivaut à dire que, pour 75% du patrimoine génétique humain connu, tous les êtres humains sont identiques, quelle que soit leur origine géographique[22]. De plus, on n'a jamais pu superposer les cartes de distribution des fréquences. En d'autres termes, les populations humaines se distribuent différemment selon les traits qui sont pris comme témoins de leur diversité (comparer les deux cartes de la figure 3, p. 22-23). C'est pourquoi la notion de race, dans le cas des populations humaines et même pour d'autres espèces, est aujourd'hui abandonnée par un grand nombre de biologistes.

Les recherches sur la diversité des populations humaines ont aussi porté sur leur origine. Certains chercheurs soutiennent que les populations humaines actuelles manifestent une continuité régionale de traits typiques avec

---

[20]   Marcel Blanc, «Les races humaines existent-elles?», *La Recherche*, n° 135, p. 930-936.
[21]   En empruntant à la terminologie des géographes, on a appelé «cartes d'isoclines» ces cartes de «dénivellement» des concentrations de traits biologiques dans les populations.
[22]   Voir Richard Lewontin, *op. cit.*, p. 118 et suiv.

❖

FIGURE 3

Cartes de distribution des gènes *a* et *b* du système sanguin ABO

Fréquence du gène *a*

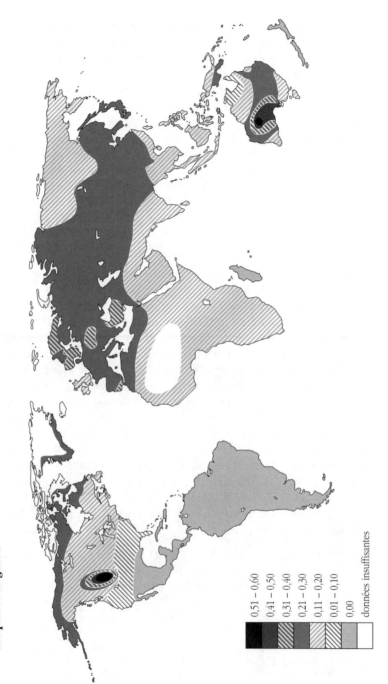

0,51 – 0,60
0,41 – 0,50
0,31 – 0,40
0,21 – 0,30
0,11 – 0,20
0,01 – 0,10
0,00
données insuffisantes

Fréquence du gène *b*

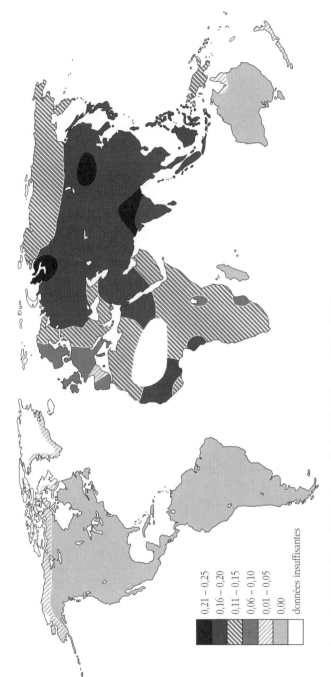

0,21 – 0,25
0,16 – 0,20
0,11 – 0,15
0,06 – 0,10
0,01 – 0,05
0,00
données insuffisantes

Source : J. B. Birdsell, *Human Evolution*, Chicago, Rand McNally & Company, 1972, p. 437-438.

des populations ancestrales dont l'âge serait plus ancien que celui que la paléontologie humaine attribue aux *Homo sapiens sapiens*. Parmi eux, il s'en trouve qui considèrent que ces souches anciennes ont abouti à créer les «races» d'aujourd'hui.

D'autres estiment au contraire que la population humaine actuelle serait le résultat de métissages entre d'anciennes races. Les différences apparentes entre des populations régionales sont en effet patentes; mais, en même temps, tous les chercheurs sont frappés par la grande ressemblance génétique entre les groupes humains[23].

Une nouvelle voie de recherche dans le domaine de la parenté génétique confirme le haut degré de parenté de tous les humains et leur origine commune récente. Ces études évaluent les différences entre des segments d'ADN mitochondrial prélevés chez des individus provenant du monde entier et traduisent l'ampleur de ces différences en temps écoulé depuis une séparation d'une population mère. Leurs conclusions établissent que toutes les populations humaines sont apparentées à une souche vieille de 150 000 à 190 000 ans[24].

Grande ressemblance génétique et proche parenté biomoléculaire d'une part, et fortes différences morphologiques concentrées selon les régions d'autre part, telles sont les deux caractéristiques de la diversité biologique humaine. Elles correspondent au cas de populations d'origine unique, mais affectées par une diversification résultant de mécanismes évolutifs. Dans certaines circonstances, il s'agit de cas d'adaptation au milieu (la peau noire dans les régions où la peau est fortement exposée au rayonnement solaire, la peau blanche dans le cas où l'exposition de la peau aux rayons solaires est limitée), dans d'autres, il pourrait s'agir d'événements reliés à une distribution au hasard (groupes sanguins). Tout cela explique très bien la grande diversité des populations humaines, sans qu'il soit nécessaire de faire intervenir la notion de race.

*

* *

Nous avons vu que la biologie ne permet pas de reconnaître des «races» dans les populations humaines. Tout usage du terme race, pour quelque groupe humain que ce soit, est donc erroné du point de vue scientifique.

---

[23]   Voir André Langaney, *Les hommes — Passé, présent, conditionnel*, Paris, Armand Colin, 1988, 249 p.

[24]   André Langaney et Hubert Ninian Van Blyenburgh, «Des parentés paradoxales», *Sciences et avenir*, n° 540, février 1992, p. 51-54.

CHAPITRE 1

En présentant les notions de gène, de milieu, d'hérédité et d'héritabilité, nous avons également vu à quel point il est difficile d'établir un lien entre gènes et comportements. En effet, un gène ne contrôle pas directement la manifestation d'un trait. Il ne s'occupe que de commander la synthèse d'une protéine particulière à partir d'acides aminés. C'est cette protéine qui est responsable de la manifestation de ce trait, encore qu'elle partage cette responsabilité avec des dizaines, parfois des centaines d'autres protéines, interagissant toutes avec des conditions environnementales qui parfois les stimulent, parfois les inhibent.

De toute manière, l'intérêt porté à toutes ces notions biologiques découle de la fausse conviction que ce qui compte le plus, ce sont les échanges de gènes. Or, il circule bien plus que des gènes entre les humains. Particulièrement importante, la circulation des idées et de la culture est trop souvent négligée par ceux qui ne se préoccupent que de l'aspect biologique. Les comportements culturels permettent aussi d'identifier les populations humaines par des traits communs.

La prochaine section traite justement des notions culturelles. Leur présentation suit un plan identique à celui des notions biologiques, ce qui en facilitera la comparaison.

▓ NOTIONS CULTURELLES

L'information culturelle qui circule entre les membres d'une population et entre les générations rejoint en complexité celle qui est véhiculée par l'hérédité. Mais comment ces deux types d'influences, culturelle et biologique, se comparent-elles? Dans l'esprit de beaucoup de personnes, culture et «race» sont souvent associées. Pour ne pas être accusées de racisme, certaines personnes vont parler d'«incompatibilité culturelle» pour justifier leur comportement discriminatoire.

Il est erroné de penser que la culture exerce une influence déterminante sur le comportement comparable à celle que les gènes exercent sur l'apparence. Le déterminisme culturel est beaucoup moins contraignant que l'hérédité. De plus, le rythme de transformation des traits culturels d'une population est bien plus rapide que celui de ses traits morphologiques. Enfin, un individu peut modifier profondément son bagage culturel, ce qui lui est strictement impossible de faire avec son bagage génétique.

LE DÉTERMINISME CULTUREL

CULTURE

La culture est l'ensemble des éléments appris en société par les membres d'une société. Ces éléments sont des actions, des pensées (des raisonnements, croyances, sentiments, sensations) et des perceptions.

La culture regroupe les caractéristiques humaines qui, n'étant pas innées, c'est-à-dire données dans leur forme définitive par l'hérédité biologique, sont acquises par l'apprentissage.

On peut entrevoir deux grandes tendances dans les efforts de définition de la culture[25]. Il y a des définitions qui intègrent à la fois les comportements observables (rapports sociaux, interactions, comportements, organisation institutionnelle, etc.) et les systèmes de pensée (représentations, perceptions, etc.), et d'autres qui limitent la culture aux seuls systèmes de pensée, renvoyant les comportements au domaine du social. Mais, en pratique, cette distinction n'est pas facile à maintenir, car tant au moment de l'observation qu'à celui de l'analyse, il n'est pas possible de séparer un acte du sens qu'on lui donne. C'est pourquoi notre définition de la culture se range parmi celles qui incluent les éléments comportementaux et mentaux. La culture comprend donc le monde de l'action, de la pensée, et celui de la perception.

Ces deux niveaux de la culture ont été repris par Kohls[26] sous la forme de l'analogie de l'iceberg (figure 4). Selon cette image, il y a plus dans la culture qu'il n'y paraît.

Certains éléments de la culture reliés aux mécanismes de la perception et de la pensée (les présomptions, la vision du monde, les modes de pensée) sont profondément enfouis en chacun de nous et s'y trouvent associés à une composante émotive très forte. Ils constituent en quelque sorte la partie immergée de l'iceberg. Ces éléments sont difficiles à discerner et lents à changer. D'autres éléments, relevant de connaissances acquises par un processus d'apprentissage conscient, sont bien visibles : la mémoire historique, la langue, les us et coutumes, les comportements observables et les manières d'être. Ici aussi, il y a une composante affective, mais elle est moins importante que celle de la partie cachée de l'iceberg et elle est habituellement consciente et bien définie.

---

[25] Marvin D. Harris, *Culture, People, Nature — An Introduction to General Antrhopology*, Toronto, Fitzhenry and Whiteside, 1975, p. 144-145.

[26] Cité dans Margalit Cohen-Émérique, «La tolérance face à la différence, cela s'apprend», *Intercultures*, n° 16, janvier 1992, p. 81.

❖ **FIGURE 4**

L'iceberg de la culture de Kohls

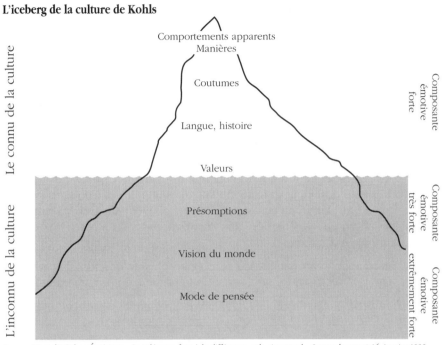

Source : Margalit Cohen-Émérique, « La tolérance face à la différence, cela s'apprend », *Intercultures*, n° 16, janvier 1992, p. 18.

La richesse de la culture ne réside pas seulement dans l'étendue des comportements qu'elle regroupe ; elle découle également de la grande variété de ses formes tant entre les populations qu'à l'intérieur d'une même population.

Cette propension de la culture à se diversifier est certainement due au fait qu'elle est formée d'un ensemble de comportements adaptatifs. Exposée à des conditions particulières, chaque population essaie de se doter du mode de vie le mieux adapté à ses ressources, à ses moyens et à ses connaissances. Ainsi, l'essentiel de la diversité culturelle des populations humaines peut s'expliquer par cette fonction adaptative de la culture qui supplante l'adaptation biologique tant par la vitesse de sa mise en œuvre que par la diversité des formes de comportements qu'elle met en place[27]. Il est en effet

---

[27] Bernard Campbell, *Human Ecology*, New York, Aldine, 1985, p. 8-9. D'autres auteurs, comme Marvin Harris, ont également fait valoir l'idée que les comportements culturels sont essentiellement adaptatifs.

facile de constater qu'une population humaine arrive à s'ajuster à de nouvelles conditions beaucoup plus rapidement si elle utilise le changement culturel comme stratégie que si elle attend les effets du changement biologique.

Ce n'est pas seulement entre les populations que l'adaptation produit de la diversité : les sous-groupes d'une population, parce qu'ils s'adaptent à leurs conditions respectives, finissent aussi par acquérir des caractéristiques distinctives. Si une population humaine se compose de plusieurs sous-groupes, alors sa culture se ramifiera en autant de sous-cultures. C'est pourquoi il est erroné de penser qu'à une population donnée correspond une culture unique. C'est pourtant ce que l'on fait quand on parle de «culture africaine», de «culture asiatique» ou même de «culture québécoise». Chaque groupe humain de taille importante comporte des sous-groupes qui possèdent des règles de conduite particulières, des valeurs distinctives, bref, ce qu'il convient de désigner par le terme de sous-culture. Les frontières plus ou moins nettes qui séparent ces sous-groupes peuvent être de nature géographique, elles peuvent être liées aux classes sociales ou aux milieux de travail, aux groupes d'âge, etc.

Il faut toujours tenir compte de ce polymorphisme quand on présente la culture d'un groupe, faute de quoi on court le risque d'en propager une image grossièrement réduite confinant au stéréotype.

VISION DU MONDE

La vision du monde est la façon de définir la réalité, de la percevoir et de la comprendre propre aux membres d'une culture.

La vision du monde est une notion très générale qui fait la somme des normes, des valeurs et des modèles partagés par les membres d'une culture. Il se dégage de cette somme une certaine logique des choses que les membres d'une culture ont intégrée, sans qu'il leur ait jamais été nécessaire de l'apprendre formellement, et en fonction de laquelle ils interprètent tout ce qui leur arrive. La vision du monde prédispose l'individu à percevoir certains faits plutôt que d'autres et conditionne ses réactions face aux situations qu'il vit.

Dans ses travaux en communication interculturelle, Robert Kohls décrit comme un *hardcore* culturel les éléments de cette vision du monde. Il les place dans la partie cachée de l'«iceberg de la culture». La perception de l'espace et du temps, par exemple, oriente la vision du monde, et il est toujours étonnant de constater que des données que nous considérons comme naturelles (le temps, l'espace, les couleurs, les odeurs, etc.) sont perçues et organisées mentalement de façon très différente par d'autres cultures.

LA TRANSMISSION DE LA CULTURE

Qu'il s'agisse de la biologie ou de la culture, le déterminisme qui affecte les individus s'exerce toujours au moment de la transmission de l'héritage parental à la génération suivante. Tout comme il fallait maîtriser les mécanismes de l'hérédité pour comprendre la portée du déterminisme biologique, de même il nous faut maintenant explorer l'apprentissage pour comprendre l'étendue du déterminisme culturel.

Trois notions seront présentées : l'enculturation, la cognition et la perception. L'enculturation est la notion la plus globale servant à décrire le mode de transmission de la culture ; elle désigne le processus d'apprentissage social lui-même. Quant aux notions plus spécifiques de cognition et de perception, il s'agit de comportements cruciaux mis en place par la culture, et qui décident de ce que nous savons et ressentons.

ENCULTURATION

L'enculturation est un processus psychosocial d'intégration personnelle des modèles culturels d'une société.

L'enculturation est un processus sans fin qui connaît toutefois des périodes plus ou moins intenses. Normalement, l'enculturation est particulièrement forte pendant l'enfance, mais elle diminue graduellement avec l'âge. En revanche, lors de grands bouleversements, les personnes de tout âge verront s'intensifier leur processus d'enculturation.

Les gens apprennent non seulement des modèles de comportements observables, c'est-à-dire des gestes, mais ils apprennent aussi à utiliser leur esprit et leurs sens de manière sélective. La définition de la cognition et de la perception permettra de mettre en évidence l'influence de la culture dans ces domaines[28].

---

[28] Pour un aperçu des recherches sur les facteurs culturels de la cognition et de la perception, voir Victor Barnouw, *Culture and Personality*, 4ᵉ éd., Homewood (Illinois), The Dorsey Press, 1985, p. 170-187.

COGNITION

La cognition se rapporte aux processus de la pensée, de l'apprentissage, de la mémoire et de l'organisation de l'information. Au-delà des éléments universels de la cognition, partagés par tous les êtres humains normaux, il y a des particularités qui sont propres à chacune des cultures et qui dépendent des conditions sociales, historiques et matérielles.

La question fondamentale est la suivante : est-ce que les êtres humains pensent et réfléchissent de façon différente selon les cultures? Évidemment, le contenu de l'information change selon les époques, les régions, les cultures, mais les processus mentaux sont-ils toujours les mêmes?

Selon une première hypothèse, d'abord formulée par Edward Sapir (1844-1939) puis développée par Benjamin Lee Whorf au cours des années 50, l'apprentissage d'une langue particulière en bas âge contribue à construire la vision du monde de ceux qui la parlent. Selon ces auteurs, les fonctions grammaticales (comme le temps des verbes) ou le vocabulaire (comme le nom des couleurs) transmettent aux enfants qui les apprennent une sorte de découpage de la réalité. Cette position accorde un rôle déterminant à l'apprentissage de la langue dans le processus d'enculturation. Toutefois, la conception inverse est aussi défendue par d'autres chercheurs[29] qui pensent que la langue ne fait que refléter des réalités sociales, culturelles et historiques. Dans cette perspective, la langue s'ajuste au milieu social et culturel plutôt qu'elle ne le détermine.

D'autres études ont permis de découvrir qu'il y avait des écarts significatifs entre les résultats de membres de cultures différentes soumis à un même exercice cognitif. Cela a été le cas notamment de recherches visant à vérifier si les étapes du développement de la pensée formelle chez l'enfant, telles qu'établies par Piaget, se succédaient dans le même ordre et au même rythme dans toutes les cultures du globe. Les résultats de ces enquêtes ont montré qu'il existait des variations importantes selon les cultures, mais aussi selon le degré de scolarisation, et donc que la scolarisation était un facteur qui atténuait les disparités entre les cultures dans le développement de la pensée formelle.

Plus intéressante est une position nuancée, comme celle de Victor Barnouw[30], qui, à l'examen de ces recherches comparatives, conclut prudemment que les conditions sociales, matérielles et culturelles expliquent

---

[29]   Marvin D. Harris, *op. cit.*, p. 133-136.
[30]   Victor Barnouw, *op. cit.*.

bien souvent les différences dans les processus cognitifs apparues entre les groupes testés. Ce n'est donc pas la culture, en soi, qui explique les variations de performance cognitive entre les populations, mais les conditions de vie dont la culture est un des facteurs importants.

PERCEPTION

La perception décrit le mécanisme individuel de réception d'informations. La perception est fonction d'actes perceptifs chez l'individu et non d'une attitude d'ouverture passive. Ces actes perceptifs sont ceux de l'appareil biologique (les sens) et de la personne (culture, personnalité, expériences antérieures).

L'important ici est de réaliser combien la perception est influencée par des facteurs culturels. La définition de la réalité même varie grandement d'un milieu culturel à un autre (voir «Vision du monde», p. 28) et elle conditionne par là la perception de certaines choses plutôt que d'autres.

Des expériences ont montré que, selon leur culture, les personnes n'ont pas toutes la même perception du réel. Les études comparatives sur les illusions, comme celle de Müller-Lyer (figure 5, p. 32), sont particulièrement révélatrices à cet égard. En regardant cette image, qui est un cas classique d'illusion d'optique, la plupart des personnes ne remarqueront pas spontanément que les deux segments horizontaux sont de la même longueur. Or, des anthropologues et des psychologues ont constaté[31] que toutes les populations humaines n'ont pas la même sensibilité à cette illusion. Si la plupart des Occidentaux y sont sujets, en revanche beaucoup d'Africains vivant en milieu traditionnel saisissent immédiatement l'équivalence de longueur des lignes horizontales. D'autres illusions semblables combinent des lignes verticales et horizontales : dans ce cas, ce sont les Occidentaux qui saisissent mieux que certains Africains l'équivalence de longueur des traits.

Différentes explications de la variation de la perception selon les cultures, les conditions sociales, matérielles et historiques ont été données. On a évoqué les conditions spatiales de la vie quotidienne (en terrain ouvert ou dense, plat ou en relief), mais cela ne constitue qu'un infime exemple de cette variation.

---

[31] Voir Victor Barnouw *op. cit.*, p. 178-180.

FIGURE 5

L'illusion de Müller-Lyer

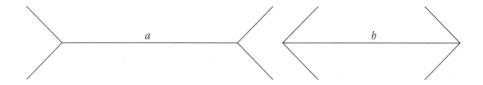

Quel trait horizontal est le plus long, *a* ou *b*? En utilisant une règle, vous vous apercevrez qu'ils sont tous les deux de la même longueur. Cette illusion d'optique, comme bien d'autres, n'est pas perçue également dans toutes les populations humaines. Elle permet de montrer que ces phénomènes de perception comportent des déterminants culturels.

L'ÉVOLUTION CULTURELLE

L'évolution culturelle, ou changement culturel, résulte de la pression combinée de facteurs internes et externes. Dans une culture donnée, les facteurs internes donnent lieu soit à des innovations résultant d'inventions, soit à des révolutions provoquées par des tensions trop fortes. Les facteurs externes comprennent toutes sortes de situations mettant en contact des populations ou des cultures différentes. La conquête, la colonisation, les vagues de migration et la diffusion à l'échelle planétaire de la culture occidentale ou de traits culturels jusqu'alors isolés sont toutes des circonstances entraînant l'«acculturation» des sociétés.

ÉVOLUTION CULTURELLE

L'évolution culturelle, ou changement culturel, résulte à la fois des innovations et bouleversements internes et de l'acculturation, c'est-à-dire de l'intégration d'influences étrangères. Il peut se faire lentement, de manière régulière, ou très rapidement, par à-coups.

La notion de changement culturel s'applique aussi bien aux processus internes, c'est-à-dire à ceux qui émergent de l'intérieur d'un groupe humain, qu'aux processus externes résultant de la mise en contact de groupes différents. Toutes les cultures changent, mais à des rythmes variables. Il est faux de croire que les peuples «primitifs» n'ont pas d'histoire et qu'ils vivent à la façon des humains de la préhistoire. Tous les peuples ont fait des découvertes, des innovations et des emprunts grâce aux influences qu'ils ont reçues, aux besoins d'ajustement au milieu qu'ils ont ressentis et, parfois, à des transitions radicales (révolutions).

Le grand avantage adaptatif de l'espèce humaine par rapport à toutes les autres espèces est précisément sa capacité de modifier très rapidement son comportement plutôt que d'attendre les effets infiniment plus lents de l'évolution biologique. Ce type d'évolution est explosif : plus les humains sont nombreux, différents, dotés sur le plan intellectuel ou technique, plus les idées circulent et plus des changements audacieux de mode de vie se réalisent. Les années que nous traversons sont en train de nous préparer à vivre harmonieusement — souhaitons-le — une accélération sans précédent du changement culturel.

ACCULTURATION

L'acculturation est un mécanisme de changement culturel déclenché par le contact continu ou répété, direct ou indirect, de cultures différentes. L'acculturation provoque à la fois la perte, l'acquisition, la substitution, la réinterprétation et la transformation de traits culturels des populations mises en présence.

C'est rarement dans un contexte égalitaire que deux populations entrent en contact. En effet, les grandes migrations des derniers siècles ont surtout été le fait de mouvements de conquête qui ont eu pour effet d'assujettir des populations ou même de les anéantir. Quand on pense par exemple à l'extermination des Amérindiens à la suite de la découverte des Amériques, ou à l'esclavage pratiqué depuis l'Antiquité, on peut se demander si l'acculturation signifie la même chose pour la population qui se trouve en situation de domination que pour celle qui est dominée.

Dans le cas de la population dominante, l'acculturation contribue facilement au changement culturel. Par exemple, les colons venus s'établir en Nouvelle-France ont emprunté beaucoup d'éléments aux populations indigènes. Ces changements d'alimentation, de vêtements et de techniques ont contribué à assurer à la population européenne une meilleure adaptation à un nouveau milieu plutôt inhospitalier. Le même phénomène a été observé chez les propriétaires des grandes plantations des tropiques, que ce soit en Amérique du Sud, en Afrique, en Asie ou chez les descendants des conquistadors espagnols du Mexique et du Pérou.

L'issue de l'acculturation chez les populations dominées ou minoritaires est plus complexe. Dans certains cas extrêmes, l'acculturation peut aboutir à la disparition de la culture minoritaire. On parlera soit de «génocide», si cette disparition est le résultat d'une extermination systématique par des massacres et des guerres, soit d'«ethnocide», si elle est l'aboutissement d'une politique visant à bannir toute manifestation de la culture subjuguée. Dans d'autres cas atténués, l'acculturation a pu donner naissance à une nouvelle culture hybride, faite des éléments de tous les groupes en présence. Il s'agit alors d'une «ethnogenèse», à laquelle participe autant le groupe minoritaire que majoritaire. On trouve des cas d'ethnogenèse en particulier là où le groupe dominant et le groupe dominé ne sont pas très éloignés socialement. La culture des Métis, issue de la rencontre de la culture des Amérindiens des plaines canadiennes et de celle des coureurs des bois français, en est un exemple. Les classes populaires de plusieurs États du Brésil ont aussi donné naissance à une culture nouvelle intégrant un bagage africain, portugais et amérindien.

Les immigrants constituent un autre type de populations minoritaires soumises à l'acculturation. Au fur et à mesure qu'ils s'adaptent à la société d'accueil, ils s'acculturent. Leur adaptation peut donner lieu à une acculturation plus ou moins prononcée. On rencontre à une extrême des populations immigrantes qui cèdent rapidement leurs traits distinctifs et s'assimilent complètement à la population d'accueil. Au Canada, les immigrants allemands et hollandais manifestent cette tendance. À l'autre extrême, se trouvent des groupes d'immigrants qui réussissent à s'adapter en vivant à l'intérieur de communautés homogènes très étanches aux influences extérieures. La communauté juive hassidique des Lubovitch, présente à Brooklyn ainsi qu'à Montréal, et celle des Amish de Pennsylvanie, sont des exemples de ce type d'adaptation entraînant une acculturation minimale.

1.2 Notions relatives à la communication interculturelle

■ Les modalités de la communication

Dans cette partie, nous définirons certaines notions relatives à la communication et plus particulièrement celles qui permettent le développement de l'habileté à la communication interculturelle. La première de ces définitions sera, bien sûr, celle de communication. Nous définirons ensuite trois autres notions, qui sont en fait trois modes de communication particuliers, soit la langue, la gestuelle et la proxémie.

COMMUNICATION

La communication est ce qui permet aux membres d'une même culture ou de cultures différentes qui partagent des modèles de perception du monde, des schémas cognitifs et des langages communs, de créer du sens à travers leurs interactions.

Le schéma le plus courant de la communication est d'inspiration très ancienne. Il distingue trois composantes de la communication : l'émetteur, le message et le récepteur. Ce modèle classique se retrouve partout où on traite de la communication verbale. À ces trois composantes habituelles, le développement récent de la théorie de la communication a ajouté celles de «code» et de «canal».

Le code est un ensemble de signaux établis par convention qui sert à formuler de manière concrète le message à transmettre. Un code peut être formé de mots, de sons, de gestes, bref, de tout ce qui est perçu directement par les sens. Pour communiquer entre eux, l'émetteur et le récepteur doivent utiliser le même code. On dit alors de l'émetteur qu'il «encode» d'abord son message, puis l'émet vers un récepteur lequel, finalement, le «décode».

Le canal représente le support matériel du code. Par exemple, les sons que nous émettons quand nous parlons font vibrer l'air ambiant. Ces ondes vibratoires font résonner le tympan de ceux qui se trouvent près de nous. L'air constitue donc le canal de la communication verbale. Les codes visuels sont supportés par la lumière émise (par ex., feux de circulation) ou réfléchie (panneaux de signalisation). La technologie moderne ajoute à ces canaux élémentaires de nouvelles techniques comme les ondes électromagnétiques qui doivent être produites et reproduites par des appareils, comme le téléphone ou la radio, pour être reçues de manière intelligible par les humains.

Malgré les avantages que lui procure sa simplicité, cette théorie de la communication souffre de lacunes. D'une part, elle présente la communication comme une chaîne d'actes délibérés et volontaires : selon elle, l'émetteur qui désire transmettre un message le codifie, puis le transmet par un canal menant au récepteur, lequel le reçoit et le décode. D'autre part, cette façon de voir la communication laisse penser que le message peut exister, une fois codé, indépendamment de l'interaction entre l'émetteur et le récepteur, du canal utilisé et des conditions dans lesquelles se déroule sa transmission. Inspiré par cette théorie, on pourrait donc croire que l'auteur d'un livre y a en quelque sorte déposé un message qui demeure le même peu importe comment, quand, où et par qui il sera lu.

À cause de ses limites, cette théorie de la communication, pourtant la plus répandue, est en voie d'être remplacée par une nouvelle approche qui insiste sur le contexte dans lequel se déroule un échange pour expliquer le sens que chaque interlocuteur va donner à la situation de communication. L'expression bien connue *the medium is the message* résume l'importance que cette nouvelle approche accorde au contexte dans l'acte de communication : on cherche ainsi à savoir qui communique à qui, à l'aide de quels codes et dans quelles circonstances. Selon cette nouvelle école de la communication (connue sous le nom de l'*école de Palo Alto*), le livre qui n'est pas lu ne contient aucun message ; le message n'existe que dans l'interaction, qu'au moment où le livre est lu. Tout ce qui participe à cette interaction contribue donc à donner son sens au message : l'identité sociale du lecteur, son âge, son sexe, ses états d'âme, l'heure du jour, la saison, l'état matériel du livre, le bruit ou le silence environnant, etc.

Dans cette perspective, toute interaction humaine est porteuse de sens pour ses agents. La signification de ce que l'on dit repose ainsi en grande partie sur le contexte dans lequel on le dit. Prenons par exemple les messages que s'échangent un homme et une femme au moment où ils se courtisent. Les phrases échangées seront alors évidemment cruciales, mais les gestes aussi auront leur importance. Les vêtements, la proximité des corps, les odeurs dégagées, tout concourra à définir la situation. De plus, tous ces codes, c'est-à-dire ces paroles, ces gestes, ces signes vestimentaires, etc., n'auront certainement pas le même effet selon le lieu, l'heure, les personnes qui en seront témoins. Ainsi, si les codes d'approche significatifs dans un bar étaient repris tels quels en milieu de travail, ils risqueraient fort de donner lieu à des malentendus. Lorsque deux personnes communiquent entre elles, elles arrivent donc à maîtriser, de façon délibérée ou spontanée, tous les aspects du contexte responsable de l'interprétation des messages qu'elles échangent.

Cette maîtrise du contexte, ou plutôt cette sensibilité au contexte, nécessaire à la réussite de la communication, requiert un long apprentissage. Chacun de nous, selon son éducation, a appris, d'une manière inconsciente le plus souvent, ce qu'il convenait de faire et de dire à tel ou tel moment. Nous avons ainsi appris des règles de politesse, de bienséance, bref un savoir-vivre essentiel à la réussite de nos échanges sociaux.

Quand nous entrons en contact avec des personnes qui ont reçu une éducation comparable à la nôtre, nous utilisons les mêmes codes pour dire les mêmes choses, et notre perception du contexte nous renvoie les mêmes messages. Mais qu'arrive-t-il quand nous voulons communiquer avec des personnes dont la culture est différente de la nôtre ? De par notre éducation respective, nous sommes amenés à construire des messages différents, nous ne sommes pas sensibles aux mêmes aspects du contexte et nous n'interprétons pas de la même manière la situation commune que nous vivons. En tant que membre d'une culture différente participant à une même activité, chacun perçoit la réalité et l'interprète selon les cadres de références appris dans sa culture. Heureusement, les cultures humaines partagent beaucoup de choses : au fond, les problèmes humains sont partout les mêmes et les solutions pour les régler ne sont pas infinies. Mais il n'empêche pas que, pour réussir à communiquer entre elles, des personnes de cultures différentes doivent absolument tenir compte de leurs différences culturelles.

Quelles sont alors les conditions de réussite d'une communication interculturelle ? Il y en a plusieurs, et elles seront abordées plus loin dans le chapitre 3. Nous nous en tiendrons ici à la première, qui est sans contredit l'obligation de partager les mêmes codes : en effet, même si les messages codifiés ne constituent pas les seuls éléments significatifs d'une interaction, leur maîtrise n'en demeure pas moins prioritaire pour réussir à communiquer en situation de contact interculturel. Parmi les codes susceptibles d'être utilisés dans une interaction, nous nous attarderons principalement sur :

- la langue (le langage parlé) ;
- la gestuelle ;
- la proxémie (l'utilisation de l'espace).

LANGUE

Une langue est un instrument privilégié de communication qui consiste en un ensemble de signes vocaux (ou en leur transcription écrite) appris dans une culture donnée. Elle permet aux personnes de communiquer entre elles et facilite l'expression de leur pensée ainsi que l'action.

En situation de communication interculturelle, on peut s'attendre à ce que les membres d'une culture minoritaire apprennent la langue de la culture majoritaire. Toutefois, la connaissance de cette langue n'est pas suffisante pour communiquer : en effet, la définition «globale» de la communication nous avertit qu'il y a des éléments du langage verbal que l'apprentissage d'une langue ne traduit pas : le ton, le débit et surtout l'à-propos du contenu des messages. Par exemple, un immigrant pourra parler parfaitement le français «d'ici», mais se trouver mal à l'aise devant certains sujets de conversation, ou au contraire aborder des sujets que les membres de la culture majoritaire considèrent comme délicats sur un ton qu'ils jugeront déplacé.

GESTUELLE

La gestuelle désigne l'ensemble des mouvements du corps effectués lors d'une interaction sociale. Ces gestes viennent appuyer la communication verbale. Il arrive aussi qu'un échange se réalise uniquement par l'usage de codes gestuels, sans recours à la parole.

Les jambes croisées, les bras ouverts, les mouvements de recul du corps ou au contraire de rapprochement, les signes du visage et de la main sont autant de gestes intervenant dans la communication humaine. Nous les effectuons et les décodons le plus souvent de manière inconsciente. Ils nous viennent si spontanément que nous les croyons naturels. Or, il n'en est rien. Un signe de la tête, comme le mouvement qui signifie «non» dans notre culture, n'a pas toujours le même sens selon les cultures. Desmond Morris, un chercheur qui s'intéresse particulièrement à la place que les cultures accordent au corps humain, rapporte l'existence dans certains pays de gestes de la tête qui dérouteraient un Européen ou un Américain[32]. Ainsi, on retrouve dans certaines régions du Sri Lanka un balancement de la tête qui signifie l'approbation. Or, ce même mouvement marque chez les Occidentaux l'incertitude et l'indécision. De même, on ne devrait pas mal interpréter un violent coup de tête vers l'arrière que l'on rencontre en Grèce : en effet, il signifie pour les Grecs un «non» respectueux. Mais, chez les Américains, ce mouvement est associé à une manifestation d'impatience, alors qu'en Éthiopie et aux Philippines il signifie «oui»!

Le développement de l'habileté à la communication interculturelle passe donc par une plus grande conscience de la relativité des codes gestuels utilisés pendant les interactions sociales et par une meilleure connaissance des codes susceptibles d'être employés par les interlocuteurs.

PROXÉMIE

La proxémie est la perception et l'utilisation de l'espace immédiat du corps (qu'il soit en mouvement ou non), qui varient selon les cultures. Elle constitue une des variables importantes de la communication.

Les travaux de plusieurs spécialistes du comportement humain ont montré que les êtres humains interagissent dans un espace immédiat qui varie selon les cultures. Les codes d'approche ou de réserve de chaque culture

---

[32] Voir Desmond Morris, *Magie du corps*, Paris, Bernard Grasset, 1985, p. 120-123.

découpent ainsi l'espace en «territoires» autorisés selon les circonstances. Ces travaux ont été particulièrement mis à profit dans l'étude des rapports humains dans les milieux de travail de différentes cultures.

Nous devons à Edward T. Hall[33] d'avoir fait un travail de pionnier dans l'analyse et la comparaison des habitudes d'utilisation de l'espace dans différents pays. En se basant principalement sur ses expériences personnelles, il a montré que les Américains et les Allemands définissaient de façon différente leur intimité. En milieu de travail, les Allemands, ceux du Nord en particulier, préfèrent rester dans leurs bureaux et fermer leur porte. À leurs yeux, cela donne une impression de sérieux sans pour autant interdire les visites. Pour leur part, les Américains voient d'un mauvais œil des collègues qui se réfugient derrière des portes fermées : ils interprètent cela comme la manifestation évidente d'un complot ou d'une fainéantise dissimulée.

■ LES OBSTACLES À LA COMMUNICATION

Qu'il s'exprime ouvertement ou qu'il demeure latent, le racisme empêche totalement des membres de cultures différentes de vivre ensemble. Le racisme constitue l'état zéro des relations entre cultures différentes et il affecte autant ses promoteurs que ses victimes. C'est pourquoi il faut l'éliminer. Mais pour y parvenir, il faut savoir le reconnaître sous toutes ses formes.

Nous chercherons donc à répondre à deux questions fondamentales : Où commence le racisme? Y a-t-il des degrés dans ses manifestations et dans ses conséquences? Pour y répondre, nous allons définir plusieurs notions voisines.

ETHNOCENTRISME

L'ethnocentrisme est la tendance à privilégier les valeurs et les normes de son groupe d'appartenance et à en faire le seul modèle de référence pour porter des jugements négatifs et dévalorisants sur les autres ethnies.

L'ethnocentrisme est-il un phénomène universel? C'est là une des questions les plus débattues dans la littérature et dans les discussions. Les sources les plus variées révèlent l'existence, dans toutes les sociétés humaines, d'attitudes et de comportements ethnocentriques. La proximité conceptuelle de ce

---

[33] Edward T. Hall, *La dimension cachée*, Paris, Éditions du Seuil, coll. Points-Essais, 1971, 254 p.

terme avec celui de chauvinisme agrandit encore plus son champ d'application. De notre point de vue cependant, l'universalité de l'ethnocentrisme n'est pas liée à son caractère fonctionnel ou dysfonctionnel. En d'autres termes, ce n'est pas parce qu'un comportement est généralisé qu'il faut l'accepter tel qu'il est si par ailleurs ses conséquences sont parfois désastreuses.

PRÉJUGÉ

Juger avant de connaître, c'est «pré-juger». Un préjugé est une idée préconçue, basée sur des images fabriquées par le sens commun (stéréotypes). Les préjugés comportent non seulement des actes de jugement mais soutiennent aussi des attitudes et des perceptions.

Dans la vie quotidienne, nous recourons sans cesse à des idées préconçues. Devant un événement nouveau, nous estimons qu'il nous faut réagir comme dans tel autre cas connu. Peut-être utilisons-nous pour cela nos propres expériences ou celles des autres. C'est en préjugeant de la sorte que nous pouvons vaquer à une multitude de petites tâches sans trop y penser, ou réagir adéquatement dans des situations inhabituelles. Par exemple, nous présumons que des policiers qui nous suivent en voiture avec leurs gyrophares allumés vont nous donner une contravention. Dans la plupart des cas, ce préjugé est efficace. Mal nous en prendrait de continuer notre chemin si des policiers nous signalaient d'arrêter avec leurs gyrophares!

Les préjugés ne concernent pas seulement les situations ou les choses. Nous les utilisons aussi très souvent lorsque nous sommes en interaction avec d'autres personnes. Les vendeurs, par exemple, utilisent plus ou moins consciemment une grille d'analyse de leurs clients pour élaborer leur stratégie de vente. Ainsi, l'agent immobilier évalue ses clients d'après leur âge, leur apparence, leurs revenus, etc. En se basant sur toute une série de critères, il leur fera des propositions d'achat en fonction du prix, du style des maisons et du quartier dans lequel elles se trouvent. La même chose se produit entre un professeur et ses élèves: chacun évalue l'autre et préjuge de ses comportements. Or, les meilleurs vendeurs ou les meilleurs professeurs sont ceux qui ne se laissent pas prendre trop rapidement par leurs préjugés. Ils savent qu'ils ne peuvent réduire les personnes à la première idée qu'ils s'en font. Ils ont à s'ajuster continuellement à ceux avec lesquels ils traitent et à se méfier des images toutes faites, c'est-à-dire des stéréotypes (voir la définition de cette notion ci-dessous).

Un préjugé peut être négatif ou positif. S'il est négatif, il conduit à la méfiance, au rejet. Dans l'autre cas, il pousse au rapprochement, mais sur de fausses bases. Le préjugé positif peut ainsi conduire à la déception, au désabusement. Une expérience négative résultant d'un préjugé positif peut avoir un effet aussi désastreux sur les attitudes qu'un préjugé négatif.

Bien qu'il soit inévitable et parfois utile, le préjugé, qu'il soit positif ou négatif, peut être à la source d'erreurs de jugement, surtout quand il s'applique à des personnes. Il faut donc s'en méfier.

STÉRÉOTYPE

Le stéréotype est une image mentale collective et caricaturale supportant un préjugé.

Les représentations collectives abondent en stéréotypes qui nous surprennent par leur banalité. Réservoirs d'images, de modèles réduits, les stéréotypes contiennent les «grandes vérités» au sujet de réalités complexes. La vie de tous les jours n'est possible que grâce aux stéréotypes et aux préjugés : après tout, un professeur est un professeur et un étudiant, un étudiant. Comme il est impossible d'attendre de bien connaître une personne «pour ce qu'elle est» avant de communiquer avec elle, alors nous nous fions aux stéréotypes, nous préjugeons de la situation et normalement tout se passe comme prévu. Malheureusement, il arrive aussi que nos stéréotypes soient erronés. Ils conditionnent alors des préjugés inefficaces et nous conduisent à poser des gestes malencontreux.

Les stéréotypes ne régissent pas seulement nos gestes, ils gouvernent jusqu'à nos perceptions. Nous sommes en effet plus sensibles à ce qui est compatible avec nos stéréotypes. Cela s'explique par le fait que la rencontre de l'inattendu nous dérange, nous perturbe. Nous rejetons donc les évidences qui sont souvent contradictoires avec nos stéréotypes avant même d'avoir pris le temps de les analyser et d'en tirer profit. Cette façon de condenser le jugement est ce qu'il y a de plus néfaste dans les stéréotypes et les préjugés. Ceux qui y recourent continuellement semblent s'obstiner à ne pas voir la vérité en face et à ne retenir des faits que ce qui confirme leurs idées préconçues.

HARCÈLEMENT

Le harcèlement est un acte individuel ou collectif de déni systématique et répété à l'égard d'une personne ou d'un groupe.

Le harcèlement et la discrimination se distinguent par l'étendue de leurs conséquences. Le harcèlement ne vise pas directement la perte de droits, alors que c'est l'objectif de la discrimination.

Toutefois, cette distinction ne s'appuie pas sur des barrières rigoureuses. En effet, une personne peut se servir de blagues racistes simplement dans le but de harceler une autre personne ; néanmoins, à partir d'un certain point, ce comportement peut avoir pour effet d'entraîner une perte réelle de droits chez la personne visée. La marge entre le harcèlement et la discrimination est donc matière à évaluation, d'autant plus qu'il n'y a pas de discrimination sans harcèlement et que le harcèlement conduit à la discrimination.

Cette proximité entre harcèlement et discrimination explique pourquoi le harcèlement est souvent l'objet de démarches judiciaires.

DISCRIMINATION

La discrimination est un acte individuel ou collectif de rejet systématique et répété d'une personne ou d'un groupe qui a pour effet la perte de droits pour la ou les victimes.

La caractéristique particulière de la discrimination est la perte de droits qu'elle entraîne. Les chartes canadienne et québécoise des droits de la personne définissent les droits des citoyens et des citoyennes ; la perte de droits est donc une notion à caractère juridique. Par conséquent, les pratiques discriminatoires peuvent faire l'objet de poursuites judiciaires.

RACISME

On peut donner deux définitions du racisme : une définition large et une définition étroite. Les voici :

1. L'ensemble des pratiques et des effets de système discriminatoires touchant le plus souvent des groupes minoritaires définis en termes raciaux ou ethniques.

2. Théorie qui soutient que les différences sociales et culturelles entre les groupes ethniques proviennent de différences biologiques héréditaires qui fondent la notion de race.

Dans la deuxième définition, le racisme est strictement présenté comme un ensemble d'idées qui justifie la discrimination raciale au moyen d'un argument pseudo-scientifique. Faut-il aussi qualifier de raciste la justification de la discrimination qui fait appel à l'idée d'«incompatibilités culturelles» plutôt qu'à celle de «différences biologiques»?

Remarquons qu'il nous semble moins difficile d'utiliser l'adjectif «raciste» pour qualifier des actes discriminatoires envers des minorités ethniques que d'employer le terme «racisme» pour désigner la base idéologique de ce comportement. Cela est dû au double visage de la réalité du racisme. D'une part, il y a le racisme théorique, qui cherche à asseoir sur une base biologique les arguments ethnocentriques ; d'autre part, il y a «le racisme comme une expérience vécue», selon l'expression d'Albert Memmi[34]. Le racisme théorique se reconnaît à ses arguments qui cherchent à imprimer la marque biologique à tout rapport social de domination et d'oppression. L'expérience vécue du racisme, quant à elle, est plus difficile à saisir et elle ne renvoie que rarement à la théorie raciste. Trois processus soutiennent sa manifestation quotidienne :
1) la mise en relief des différences (biologiques, sociales, culturelles);
2) la valorisation des différences au profit de l'accusateur ;
3) l'utilisation de cette valorisation au profit de l'accusateur.

Pour qu'il y ait racisme, ces trois processus doivent avoir lieu. Ainsi, s'il est vrai que l'ethnocentrisme ou la xénophobie (conjonction des processus 1 et 2) confinent au racisme, il n'y a véritablement racisme que si l'accusateur utilise l'ethnocentrisme et la xénophobie à son propre profit. Cette notion de profit inscrit donc d'emblée l'expérience du racisme dans le contexte d'un rapport de domination.

Le racisme théorique constitue une idéologie fondée sur l'idée que, d'une part, la vie sociale résulte de la somme des comportements individuels et, d'autre part, que ces comportements individuels sont déterminés génétiquement. Le racisme est ainsi lié à une position politique : si l'organisation sociale humaine, y compris les inégalités de statut, de richesse et de pouvoir, est la conséquence directe de notre biologie, alors aucune pratique ne peut modifier fondamentalement la structure sociale ou la situation des individus et des groupes. Le racisme est donc à la fois un ensemble de pratiques et d'effets de système discriminatoires ainsi qu'une idéologie qui en justifie l'existence au moyen d'un prétendu fondement biologique de l'inégalité sociale.

---

[34] Albert Memmi, *Le racisme*, Paris, Gallimard, coll. Idées, nº 461, 1982, p. 31 et suiv.

1.3 Notions relatives à la gestion de la diversité ethnique

«Comme tous les phénomènes démographiques de grande ampleur, il faut voir que l'immigration travaille la société en profondeur et qu'elle est destinée à y déployer des effets sur le long terme dont, de toute évidence, la dimension culturelle fait intrinsèquement partie[35]. »

Ces rapports sociaux entre la société d'accueil et les nouveaux arrivants ne se font pas toujours sans tension. Afin d'éviter des conflits, les sociétés doivent mettre en place des structures qui permettent à chacun de négocier sa place et la place de son groupe d'origine, d'appartenance ou de référence.

Conscients du défi que pose la diversité ethnique, les gouvernements nationaux ainsi que les entreprises mettent au point des politiques et déterminent des pratiques favorisant l'épanouissement du potentiel humain de leurs organisations. Globalement, ces actions se rattachent à des choix idéologiques que nous présentons ici.

INTÉGRATION

«Processus d'adaptation à long terme, multidimensionnel et distinct de l'assimilation. Ce processus, dans lequel la maîtrise de la langue d'accueil joue un rôle moteur essentiel, n'est achevé que lorsque l'immigrant ou ses descendants participent pleinement à l'ensemble de la vie collective de la société d'accueil et ont développé un sentiment d'appartenance à son égard[36]. »

Ce concept d'intégration se définit donc comme un processus graduel qui vise à faire des immigrants des citoyens à part entière, c'est-à-dire des citoyens qui participent à toutes les dimensions de la vie économique, sociale, civique et culturelle du pays d'accueil.

L'immigrant ou l'immigrante qui s'établit dans un nouveau pays passe par différentes étapes d'adaptation. On peut distinguer globalement trois de

---

35   Alain Bastenier, «Les relations interculturelles sont des rapports sociaux, donc des conflits à issue incertaine», *La pluralité culturelle dans les systèmes éducatifs européens,* actes d'un colloque tenu à Nancy en 1992, 1993, p. 183.

36   Cette définition est tirée de Gouvernement du Québec, *L'intégration des immigrants et des Québécois des communautés culturelles: document de réflexion et d'orientation,* ministère des Communautés culturelles et de l'Immigration, 1990, p. 3.

ces phases : l'adaptation fonctionnelle, l'adaptation sociale et l'adaptation publique[37].

Dans un premier temps, l'immigrant doit s'installer et être capable de comprendre le fonctionnement de la société d'accueil. Se trouver un logement et un travail, s'habituer au climat et à la nourriture, trouver une école pour les enfants : ce sont là autant de tâches difficiles pour le nouvel arrivant. À cette étape, l'âge de l'immigrant, sa connaissance de la langue du pays d'accueil, son degré de scolarisation, son motif de départ et ses attaches familiales sont autant de facteurs déterminants dans sa capacité d'adaptation. De plus, l'accueil de l'immigrant par la société «hôte», la situation économique dans le pays d'accueil, la présence et le soutien de personnes de même origine sont également des facteurs qui jouent un rôle dans ce processus d'acclimatation.

Dans un deuxième temps, les nouveaux arrivants, qui entrent en contact avec la société d'accueil par l'entremise de la radio, de la télévision, du milieu de travail, du voisinage ou de l'école, doivent harmoniser leurs valeurs sur le plan personnel, familial et social avec les valeurs de la société d'accueil. Le soutien de personnes de même origine ou de leur communauté ethnique peut les aider à intégrer différentes formes de comportement et valeurs de la culture de la société d'accueil.

Enfin, les nouveaux arrivants sont amenés à prendre part et à contribuer à la vitalité de la vie sociale, culturelle, politique et économique du pays d'accueil. On peut souvent reconnaître le degré d'intégration d'une communauté à sa représentation dans l'ensemble des structures sociales, économiques et politiques.

Les immigrants ne suivent pas tous ces phases d'adaptation de la même façon et dans le même ordre[38]. Pour toutes sortes de raisons, un immigrant peut être amené à faire, durant la phase d'adaptation fonctionnelle, des expériences propres à la phase d'adaptation sociale. Par exemple, la maladie peut l'amener à faire l'apprentissage de certaines règles bureaucratiques et sociales dans un établissement de santé, et ce avant même de comprendre la langue de la société d'accueil.

---

[37] Ces définitions de l'adaptation sont tirées de Ginette Brochu et Édithe Gaudet, *Se mettre à jour en interculturel… une priorité pour les collèges francophones*, Notes de cours PERFORMA, 1991.

[38] Voir l'ouvrage suivant, à paraître en 1996 : Édithe Gaudet et Louise Lafortune, *Des stratégies d'enseignement en interculturel*, Rapport de recherche PAREA, collèges Ahuntsic et André-Laurendeau.

ASSIMILATIONNISME

Idéologie qui favorise l'apprentissage rapide, par les immigrants, de la culture majoritaire de la société d'accueil. Elle se fonde sur la prémisse que la culture majoritaire est la mieux adaptée au fonctionnement de la société dans son ensemble. Cette idéologie vise «l'intégration des nouveaux arrivants au groupe dominant en favorisant l'apprentissage de la langue et de la culture du pays d'accueil, sans prendre en considération leur appartenance culturelle, ethnique, religieuse ou linguistique[39]».

L'assimilationnisme a été en vogue au Canada et au Québec jusque dans les années 70; c'est aussi la théorie du «melting pot» américain, qui veut que les membres des groupes ethniques abandonnent leur identité culturelle et se fondent dans la société d'accueil pour former une culture nationale distincte. À la limite, cette idéologie entraîne un déni total de la culture des immigrants.

Cette idéologie a aussi prévalu en Angleterre et aux États-Unis dans les années 50 et 60. Après plusieurs années d'application, ces sociétés ont constaté l'échec de l'idéologie assimilationniste; en effet, les résistances des immigrants à l'abandon de leur culture d'origine sont plus fortes que prévues et ces politiques sont de plus en plus dénoncées comme des pratiques racistes par divers groupes de pression.

MULTICULTURALISME

Idéologie qui propose la reconnaissance des différentes cultures d'une société, de leurs valeurs et de leurs coutumes, dans le cadre restreint de la vie privée et de certaines institutions collectives (fêtes, par exemple).

Par le multiculturalisme, on cherche à faire la promotion des cultures minoritaires «en favorisant leur expression autonome à travers diverses manifestations culturelles ou réseaux parallèles (...), en participant à la création de matériel d'information ou d'instruments pédagogiques concernant ces cultures et enfin, en travaillant à l'élimination, dans la littérature, des biais – en termes d'omissions ou de stéréotypes – à l'égard des minoritaires[40]».

---

[39] Anne Laperrière, «L'apprentissage du français dans un contexte pluriculturel: réflexion sur le rôle de l'école québécoise à la lumière des analyses britanniques», *Le Québec français et l'école à clientèle pluriethnique: contributions à une réflexion*, Conseil de la langue française, n° 29, Éditeur officiel du Québec, 1987, p. 267-349.

[40] Anne Laperrière, «Les paradoxes de l'intervention culturelle: une analyse critique des idéologies d'intervention britanniques face aux immigrants-es», *Revue internationale d'action communautaire*, n° 14-54, 1985, p. 189.

Au Canada, la notion de multiculturalisme renvoie à la politique fédérale adoptée en 1971. Cette politique véhicule l'idéologie d'une mosaïque canadienne constituée de groupes ethniques unifiés par la communication dans deux langues officielles, l'anglais et le français. «(...) Les moyens affirmés de cette politique sont le respect des droits individuels et la lutte contre la discrimination, la recherche d'une plus grande participation de tous les groupes culturels à la vie sociale et politique canadienne, la multiplication des échanges entre ces groupes et la promotion de leurs cultures spécifiques[41]. »

La société d'accueil conserve cependant son intégrité et garde le contrôle des principales commandes politiques, sociales, culturelles et religieuses. On invite les immigrants à «choisir de s'intégrer à l'une ou l'autre des deux sociétés, anglaise ou française. L'intégration n'entraînerait pas la perte d'identité d'un particulier ou de ses caractéristiques originales, ou de langue et de sa culture originales[42]».

L'Acte du multiculturalisme de 1988 reprend plus clairement le principe défendu en 1971: la diversité (raciale, culturelle et religieuse) est un trait majeur de la société et de l'identité canadiennes. Le Canada se définit comme une terre d'accueil qui prône l'égalité et la coexistence harmonieuse des populations qui la composent. L'État est le garant et le symbole de cette définition.

Le multiculturalisme a évolué au cours des années 80: d'une idéologie visant la préservation des cultures d'origines, il est devenu une politique centrée sur la lutte au racisme, sur l'adaptation des institutions et sur la sensibilisation des Canadiens majoritaires[43].

ANTIRACISME

Idéologie qui prône la lutte contre la discrimination vécue par les minorités immigrantes et les minorités défavorisées dans le pays d'accueil.

---

[41] Denise Helly, «Politiques à l'égard des minorités immigrées», *Sociologie et sociétés*, vol. XVII, n° 2, automne 1994, p. 132.
[42] Gouvernement du Canada, ministère des Approvisionnements et Services, *Multiculturalisme et le gouvernement du Canada*, 1980, p. 10
[43] Voir Marie McAndrew, «Multiculturalisme canadien et interculturalisme québécois: mythes et réalités», *Pluralisme et éducation: politiques et pratiques au Canada, en Europe et dans les pays du Sud. L'apport de l'éducation comparée*, actes du colloque de l'Association francophone d'éducation comparée, mai 1984, Montréal.

L'antiracisme poursuit les objectifs suivants : établir des solidarités entre les groupes opprimés, dénoncer les idéologies discriminantes à l'endroit de certains groupes ethniques et s'attaquer aux structures politiques et économiques de la société qui reproduisent ces inégalités.

Globalement, il incite la société d'accueil à mettre en valeur les ressemblances entre les différents groupes culturels victimes de discrimination.

Les programmes d'action antiraciste visent à éliminer la discrimination au travail et à l'école, que cette discrimination soit ouverte ou latente. L'approche antiraciste est indispensable à la démarche de communication interculturelle, car celle-ci ne peut absolument pas se réaliser dans un milieu perturbé par le racisme.

INTERCULTURALISME

Idéologie qui «prône une approche multiculturaliste universelle, s'adressant autant à l'ethnie majoritaire, confrontée à de nouvelles cultures, qu'aux ethnies minoritaires. Il ne suffit pas de "protéger" ou "tolérer" les cultures minoritaires, encore faut-il favoriser leur interaction dynamique avec les autres cultures, dont la culture majoritaire[44]. »

L'interculturalisme met l'accent sur la nécessité, pour les cultures majoritaire et minoritaires, de tenir compte de la culture des autres et d'apprendre à se connaître et à communiquer. Il valorise les relations entre les différents groupes sociaux composant la société et encourage une pleine participation de tous ces groupes à la définition d'un projet de société.

Le qualificatif *interculturel* a été forgé en France. Dans le contexte scolaire, on employait d'abord l'expression «éducation interculturelle» pour désigner une éducation visant à apporter aux élèves les connaissances et les habiletés nécessaires pour vivre dans un contexte multiethnique. Sur le plan des connaissances, une telle éducation vise à donner aux élèves de l'information sur les différentes cultures, y compris la culture majoritaire, mais aussi des explications sur le fonctionnement dynamique de toute

---

[44] Anne Laperrière, *op. cit.*, p. 190.

culture. Sur le plan des habiletés, elle vise à favoriser une communication harmonieuse entre les individus et les groupes de cultures différentes.

On constate que, même si, en théorie, toutes les cultures sont égales et que les groupes minoritaires sont des partenaires sociaux valables et égaux, il n'en va toujours ainsi dans le quotidien. Il s'ensuit toute une série de questions dont traite l'approche interculturelle, notamment : Jusqu'où va le droit à la différence ? Faut-il encourager une culture commune ? Y a-t-il une préséance d'une culture sur une autre ?

Au Québec, l'interculturalisme est défini à partir de la notion de convergence culturelle[45]. Il représente une réponse au concept de multiculturalisme dans la mesure où il met l'accent sur le caractère francophone de la société québécoise. Il préconise d'adopter un certain nombre de mesures (soutien aux groupes ethniques, reconnaissance des langues et des cultures d'origine, dialogue ethnique) visant avant tout à socialiser les immigrants en français.

Ce concept de convergence culturelle, et par le fait même la notion de *culture publique commune* qui en découle, a suscité de nombreux débats. Harvey en résume bien l'enjeu : « Dans une société culturellement pluraliste, il est heureux que des groupes sociaux rivalisent entre eux pour plus de reconnaissance et de pouvoir, qu'ils aient des droits égaux reconnus par les chartes et défendus par des lois et des institutions juridiques, mais à condition que ces groupes en arrivent à un consensus de base sur l'art de vivre ensemble : c'est la *culture (publique) commune*. Autour de ce noyau, dans une société pluraliste, se situe normalement un domaine de convergence régi par la tolérance, une tolérance qui n'est pas seulement la volonté de supporter ce qui est autre, mais de le valoriser[46]. »

INTÉGRATIONNISME

Idéologie qui se « caractérise par le respect des caractéristiques culturelles, linguistiques, religieuses et ethniques des groupes minoritaires, tout en favorisant leur participation à la vie sociale. Politiquement, elle se traduit par l'association des minorités ethniques au projet de société française définie par le groupe majoritaire francophone de souche[47]. »

---

[45] En 1981, le ministère des Communautés culturelles et de l'Immigration réagit au multiculturalisme en proposant le concept de convergence culturelle.

[46] Julien Harvey, « Culture publique, intégration et pluralisme », *Relations*, octobre 91, p. 240.

[47] André Beauchesne, *Éducation et pédagogie interculturelles, Guide de formation*, Éditions du CRP et CECM, 1991, p. 33

L'intégrationnisme sous-tend la politique de convergence culturelle du gouvernement québécois. Depuis 1981, c'est à partir d'une série d'avis du Conseil supérieur de l'Éducation, d'énoncés du ministère des Communautés culturelles et de l'Immigration et de plusieurs consultations publiques que le gouvernement québécois parvient à définir l'intégrationnisme[48]. *L'Énoncé de politique en matière d'immigration et d'intégration,* publié en 1990, propose une formulation condensée des « règles du jeu » ayant comme enjeu l'intégration des immigrants. Sa réussite dépend d'abord de l'immigrant, mais aussi de l'ouverture de la société d'accueil, d'où l'idée d'un « contrat moral » et la nécessité d'un engagement de la société d'accueil. On y définit un ensemble de valeurs, de règles du jeu et d'institutions[49] formant un patrimoine que chaque groupe peut enrichir et transmettre.

---

[48] Les principaux avis, énoncés et consultations sont les suivants :
- Gouvernement du Québec, *Autant de façons d'être Québécois,* ministère des Communautés culturelles et de l'Immigration, 1981.
- Gouvernement du Québec, *L'éducation interculturelle,* Avis du Conseil supérieur de l'éducation, 1983.
- Gouvernement du Québec, *L'école québécoise et les communautés culturelles,* Rapport Chancy, 1985.
- Gouvernement du Québec, *Les défis éducatifs de la pluralité,* Avis du Conseil supérieur de l'éducation, 1987.
- Gouvernement du Québec, *Énoncé de politique en matière d'immigration et d'intégration,* ministère des Communautés culturelles et de l'Immigration, 1990.
- Gouvernement du Québec, *Pour un accueil et une intégration réussis des élèves des communautés culturelles,* Avis du Conseil supérieur de l'éducation, 1993.
- Gouvernement du Québec, *Gérer la diversité dans un Québec francophone, démocratique et pluraliste. Principes de fond et procédure pour guider la recherche d'accommodements raisonnables,* ministère des Communautés culturelles et de l'Immigration, 1993, 103 p.

[49] La culture publique est définie comme un ensemble de valeurs, de règles du jeu et d'institutions. On fait ici référence :
- à une langue commune, le français comme langue officielle de communication, d'enseignement et de travail ;
- à une tradition culturelle inspirée des contributions indigène, française, britannique, américaine et de l'apport de la tradition judéo-chrétienne occidentale ;
- à une tradition juridique fondée sur des principes de droit commun d'origines française et britannique, mais aussi sur des principes contenus dans la Charte des droits et libertés et dans la législation québécoise (...) ;
- à une tradition politique parlementaire ;
- à une tradition éthique et sociale qui opte pour la démocratie, la liberté et l'égalité des citoyens et citoyennes ;
- à une organisation économique basée sur l'interaction des secteurs public, privé et coopératif ;
- à une tradition de respect de la minorité anglophone, dont l'apport historique à la culture publique commune est d'ailleurs reconnu.
Source : Gouvernement du Québec, *Pour un accueil et une intégration réussis des élèves des communautés culturelles,* Avis à la ministre de l'Éducation et ministre de l'Enseignement supérieur et de la Science, Direction des communications, 1993, p. 72.

LE CHOIX DE L'IMMIGRATION

CHAPITRE 2

L'histoire de l'immigration est aussi le reflet de notre propre histoire. Un peuple immigrant d'abord, puis rapidement conquis, qui cherche – et qui réussit – à préserver sa langue et sa culture, qui se protège face au conquérant en se refermant sur lui-même. Puis un peuple qui se cherche, qui s'affirme, qui se définit et qui, finalement, exprime sa volonté d'être libre ; confiant en son avenir, il manifeste davantage d'ouverture face à l'accueil de l'Autre.

Jocelyn Berthelot

L'immigration a joué un rôle de première importance dans l'histoire du Canada, puisque ce pays s'est bâti et s'est développé économiquement et culturellement avec la venue d'immigrants. L'immigration est non seulement une composante de notre passé, elle fait également partie de notre avenir. Le caractère pluriethnique du Québec se confirme chaque jour davantage.

L'immigration est dorénavant au cœur des grandes questions de l'avenir et représente une préoccupation dont il importe de bien comprendre tous les aspects[1].

Dans la première section de ce chapitre, nous traçons un portrait de l'immigration québécoise. Les données démographiques (effectifs, provenance, catégories d'admission, âge et sexe des immigrants) viennent en premier lieu, puis suivent les données socioéconomiques (scolarisation, occupation professionnelle, taux d'activité et de chômage) et socioculturelles (connaissance des langues française et anglaise, concentration dans l'espace urbain). Enfin, nous parcourons l'histoire des principales communautés ethniques qui sont venues s'installer au Québec.

Dans la deuxième section, nous analysons les motifs et les enjeux du phénomène de la migration. Pourquoi des personnes quittent leur pays pour s'établir dans un autre pays? Pourquoi une société accueille des immigrants? Nous tentons de répondre à ces questions en considérant quatre dimensions : les dimensions démographique, économique, culturelle et politique.

La troisième section relate l'évolution des lois canadiennes en matière d'immigration ainsi que la façon dont le Québec, à partir de 1968, a obtenu au fil des ans la maîtrise partielle de son immigration. Nous y présentons aussi brièvement le contenu des principales lois canadiennes et québécoises actuelles en matière d'immigration.

Enfin, nous développons, dans la dernière partie de ce chapitre, différents arguments pour contrer les préjugés courants à l'égard des immigrants.

---

[1] Les données présentées dans ce chapitre se rapportent surtout au Québec. Cependant, nous donnons aussi plusieurs renseignements sur le Canada : données statistiques, données historiques, lois diverses, etc. Les données statistiques ne sont pas toutes uniformes, car nous avons utilisé des compilations spéciales de différents ministères ainsi que les données du recensement de 1991.

2.1 PORTRAIT DE L'IMMIGRATION AU QUÉBEC

■ DONNÉES DÉMOGRAPHIQUES

COMBIEN D'IMMIGRANTS LE CANADA ET LE QUÉBEC ACCEPTENT-ILS CHAQUE ANNÉE?

Le recensement canadien de 1991 confirme les changements profonds surve-
nus dans la composition ethnique au Canada : 4 342 890 personnes sont nées
à l'extérieur du pays, ce qui équivaut à 16,1 % de la population canadienne.
L'Ontario occupe le premier rang avec 23,7 % de sa population née à l'extérieur du pays ; cette proportion s'établit à 22,3 % en Colombie-Britannique et
à 15,1 % en Alberta. Quant au Québec, il compte 591 210 personnes nées à
l'extérieur du Canada, ce qui représente 8,7 % de sa population totale (figure 1,
p. 54).

L'immigration n'est pas un phénomène régulier et stable, mais plutôt un
mouvement soumis aux événements internationaux et à la situation économique du pays d'accueil. Depuis la Seconde Guerre mondiale, le Québec
a admis sur son territoire une moyenne annuelle de 25 730 immigrants
(figure 2, p. 55). La période qui a vu arriver le plus grand nombre d'immigrants est comprise entre 1951 et 1960 ; la moyenne annuelle d'immigration a
été alors de 33 057 personnes.

Au cours des années 80, le Québec a accueilli chaque année en moyenne 23 500 personnes ; pendant cette décennie, le mouvement d'immigration a
oscillé entre 14 000 (années 1984 et 1985) et 51 707 immigrants (année 1991).
Durant les cinq dernières années (1990 à 1994), la moyenne annuelle a été
de 42 160 personnes (figure 2, p. 55).

Le tableau 1 (p. 56) donne un aperçu des nombreuses fluctuations du
nombre d'immigrants admis au Québec et au Canada. Ces fluctuations correspondent aux besoins de main-d'œuvre, aux périodes de croissance et de
décroissance économique, aux lois canadiennes et aux événements internationaux.

FIGURE 1

Proportion de la population immigrée dans la population totale (Canada et provinces, 1991)

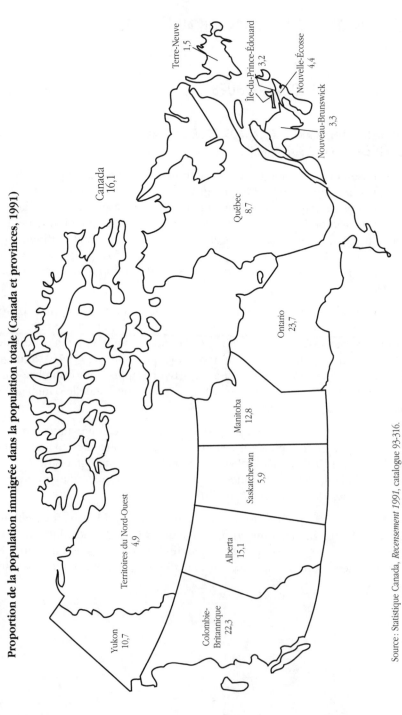

Canada
16,1

Terre-Neuve
1,5

Île-du-Prince-Édouard
3,2

Nouvelle-Écosse
4,4

Nouveau-Brunswick
3,3

Québec
8,7

Ontario
23,7

Manitoba
12,8

Saskatchewan
5,9

Alberta
15,1

Colombie-Britannique
22,3

Yukon
10,7

Territoires du Nord-Ouest
4,9

Source: Statistique Canada, *Recensement 1991*, catalogue 93-316.

◆ **FIGURE 2**

Moyenne annuelle d'immigration par période au Québec (1951-1994)

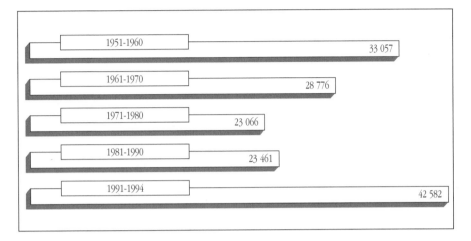

Période	Valeur
1951-1960	33 057
1961-1970	28 776
1971-1980	23 066
1981-1990	23 461
1991-1994	42 582

Sources : Gouvernement du Québec, ministère des Communautés culturelles et de l'Immigration, Direction des études et de la recherche, *Présentation graphique sur l'immigration et la population immigrée du Québec*, décembre 1991, p. 19.

Gouvernement du Québec, ministère des Affaires internationales, des Communautés culturelles et de l'Immigration, *Le Québec en mouvement. Statistiques sur l'immigration*, 1995, n. p.

Outre les nombreuses fluctuations du nombre d'immigrants admis au Québec et au Canada, ce tableau présente une autre donnée intéressante. On sait que la population du Québec représente à peu près 25 % de la population canadienne. Or, depuis 1946, le Québec a rarement obtenu le nombre d'immigrants proportionnel à son poids démographique à l'intérieur du Canada. Par exemple, en 1946, le taux d'attraction du Québec[2] était de 13,5 % ; en 1994, il était de 12,5 %. Cependant, des mesures ont été prises pour tenter d'infléchir cette tendance. En février 1991, une entente fédérale-provinciale, les accords McDougall-Gagnon-Tremblay, était conclue à cette fin. En plus d'accorder au Québec le pouvoir exclusif de sélectionner, d'accueillir et d'intégrer les immigrants indépendants qui viennent s'établir sur son territoire, elle vise à préserver le poids démographique du Québec à l'intérieur du Canada.

---

[2]   Le taux d'attraction du Québec correspond au nombre d'immigrants admis au Québec sur 100 immigrants admis au Canada.

TABLEAU 1

Nombre d'immigrants admis annuellement au Québec et au Canada (1946-1994)

Année	Nombre/Québec	Nombre/Canada	Taux d'attraction du Québec
1946	9 712	71 719	13,5
1951	46 033	194 391	23,7
1956	31 396	164 857	19,0
1961	16 290	71 689	23,6
1966	39 198	194 743	20,1
1971	19 221	121 900	15,8
1976	29 282	149 429	19,6
1981	21 118	128 618	16,4
1982	21 331	121 147	17,6
1983	16 374	89 157	18,4
1984	14 641	88 239	16,6
1985	14 884	84 302	17,7
1986	19 328	99 219	19,5
1987	26 640	146 994	18,1
1988	25 789	161 929	15,9
1989	34 171	192 001	17,8
1990	40 076	212 166	18,9
1991	51 707	205 694	24,9
1992	47 532	224 600	21,0
1993	44 385	257 465	17,2
1994*	27 104	217 344	12,5

* Les données de 1994 sont préliminaires.

Sources : Gouvernement du Québec, ministère des Communautés culturelles et de l'Immigration, *L'immigration au Québec. Bulletin statistique annuel*, vol. 11, 1984, p. 20.

Gouvernement du Québec, ministère des Affaires internationales, des Communautés culturelles et de l'Immigration, *Le Québec en mouvement. Statistiques sur l'immigration*, 1995, n. p.

Gouvernement du Canada, Statistique Canada, *Statistiques sur l'immigration. Données 1985-1990*.

Gouvernement du Canada, Immigration Canada, «Statistiques sur l'immigration», *The Globe and Mail*, 17 juin 1992, p. A1 et A5.

Gouvernement du Canada, *Statistiques démographiques annuelles*, Division de la démographie, Catalogue 9-213, Ottawa, 1995, 309 p.

D'OÙ VIENNENT-ILS ?

Presque la moitié des immigrants admis au Québec en 1994 proviennent d'Asie avec 45,2 % de l'ensemble de l'immigration. L'Europe vient au second rang avec 24,6 % ; suivent l'Amérique avec 18,3 % et l'Afrique avec 11,8 %. Le tableau 2 indique que les trois principaux pays de naissance des immigrants en 1994 sont, par ordre d'importance, la France, Haïti et la Chine.

TABLEAU 2

Immigrants admis au Québec en 1994 selon les dix principaux pays de naissance

Pays de naissance	Nombre	%
France	2 181	8,0
Haïti	1 883	6,9
Chine	1 529	5,6
Hong-kong	1 321	4,9
Roumanie	1 205	4,4
Liban	1 188	4,4
Inde	923	3,4
Philippines	921	2,8
Sri Lanka	768	2,8
Vietnam	714	2,6
Autres pays	14 469	53,4
Total	27 102	100,0

Source : Gouvernement du Québec, ministère des Affaires internationales, des Communautés culturelles et de l'Immigration, *Le Québec en mouvement. Statistiques sur l'immigration*, 1995, n. p.

Depuis 1946, il y a eu beaucoup de changements dans la répartition des immigrants admis au Québec quant à leur origine ethnique. Le tableau 3 (p. 58) nous permet de préciser la provenance des immigrants au cours de cinq périodes d'immigration : entre 1946 et 1961, entre 1962 et 1970, entre 1971 et 1980, entre 1981 et 1990, et entre 1990 et 1994.

Entre 1946 et 1970, l'immigration est surtout européenne ; par exemple, en 1968, les immigrants qui provenaient des pays d'Europe représentaient plus de 60 % de l'ensemble des immigrants. Les années 70 voient apparaître une diversification importante des pays de naissance des immigrants et une prépondérance des pays du Tiers Monde. Les années 80 et 90 voient se poursuivre ce mouvement d'immigration provenant de pays du Tiers Monde. Aujourd'hui, près de 70 % des immigrants sont issus de ces pays, alors que l'immigration européenne représente à peine le cinquième de l'immigration totale.

TABLEAU 3

Principaux pays de provenance des immigrants admis au Québec (1946-1994)

	1946-1961	
	Nombre	%
Italie	77 497	18,4
Grande-Bretagne	75 815	18,0
Allemagne	47 384	11,4
France	32 001	7,6
États-Unis	28 582	6,1
Grèce	19 579	4,7

	1962-1970	
	Nombre	%
Italie	40 901	15,1
France	38 867	14,4
Grande-Bretagne	32 154	12,1
Grèce	21 651	8,0
États-Unis	20 226	7,5
Allemagne	9 841	3,6

	1971-1980	
	Nombre	%
Haïti	22 210	9,6
États-Unis	17 707	7,7
France	15 261	6,6
Viêt-nam	13 013	5,7
Grande-Bretagne	12 785	5,5
Grèce	10 335	4,5
Italie	9 455	4,1

	1981-1990	
	Nombre	%
Haïti	22 001	9,4
Liban	20 352	8,7
Viêt-nam	13 324	5,7
France	11 580	4,9
Pologne	7 199	3,1
Hong-kong	6 950	3,0
Maroc	6 524	2,8

tableau 3 (suite)

| | 1990-1994 | |
	Nombre	%
Liban	23 237	10,9
Hong-kong	12 994	6,1
Haïti	11 966	5,6
France	11 747	5,5
Chine	10 381	4,9
Viêt-nam	6 074	2,9
Le Salvador	5 945	2,8

Sources : Gouvernement du Québec, ministère des Communautés culturelles et de l'Immigration, *L'immigration au Québec. Bulletin statistique annuel,* vol. 11, 1984, p. 22-24.
Gouvernement du Québec, ministère des Communautés culturelles et de l'Immigration, Direction des études et de la recherche, *Caractéristiques des immigrants admis au Québec 1981-1990,* juin 1991, p. 39.
Gouvernement du Québec, ministère des Communautés culturelles et de l'Immigration, *Le Québec en mouvement. Statistiques sur l'immigration,* 1993, n. p.
Gouvernement du Québec, ministère des Affaires internationales, des Communautés culturelles et de l'Immigration, *Le Québec en mouvement. Statistiques sur l'immigration,* 1995, n. p.

LES CATÉGORIES D'ADMISSION DES IMMIGRANTS

Les lois canadiennes et québécoises sur l'immigration distinguent trois catégories d'immigrants (voir la dernière partie de la section 2.3) :

1. la catégorie des indépendants : formée des parents aidés, des travailleurs sélectionnés, des gens d'affaires (entrepreneurs et investisseurs) et des retraités ;

2. la catégorie « réunification de famille » ;

3. la catégorie des réfugiés.

Chaque année, le Canada et le Québec déterminent combien d'immigrants ils accepteront par catégorie : il s'agit des niveaux d'immigration. Si l'on inclut la sous-catégorie des parents aidés, les immigrants indépendants constituent près de la moitié de l'ensemble des immigrants admis au Québec pour la période comprise entre 1990 et 1994 (tableau 4). Dans cette catégorie, on retrouve surtout des travailleurs sélectionnés et des gens d'affaires (investisseurs et entrepreneurs).

La catégorie réunification de famille, qui était légèrement en baisse de 1989 à 1992, est passée à 43,4% en 1994, avec une moyenne de 29,8 pour la période comprise entre 1990 et 1994. La catégorie des réfugiés oscille autour de 14%, sauf au cours de trois années (de 1990 à 1992) où elle avait connu une hausse importante.

 TABLEAU 4

Admission des immigrants au Québec selon la catégorie (1988-1994)

Catégories	1988	1989	1990	1991	1992	1993	1994	1990-1994
Réunification de famille	30,0	27,5	22,6	24,8	26,4	37,6	43,3	29,8
Indépendants	55,8	57,7	60,2	45,1	50,9	47,5	42,6	49,5
• Gens d'affaires	22,9	21,8	15,5	9,9	17,1	16,5	13,1	14,4
• Travailleurs sélectionnés	27,0	28,6	35,2	28,4	30,4	27,5	26,8	29,8
• Parents aidés	4,6	6,0	8,4	5,9	2,8	2,5	2,5	4,5
• Retraités	1,2	1,1	1,2	0,9	0,7	0,8	0,2	0,8
Réfugiés	14,1	14,9	17,2	30,1	22,7	14,8	14,2	20,7

Sources: Gouvernement du Québec, ministère des Communautés culturelles et de l'Immigration, *Le Québec en mouvement. Statistiques sur l'immigration*, 1993, n. p.

Gouvernement du Québec, ministère des Affaires internationales, des Communautés culturelles et de l'Immigration, *Le Québec en mouvement. Statistiques sur l'immigration*, 1995, n. p.

L'ÂGE ET LE SEXE

En 1994, la population immigrante comprend 48,1% d'hommes et 51,9% de femmes.

Le tableau 5 trace un portrait de la population immigrante admise au Québec entre 1990 et 1994, selon l'âge. Un fait est à retenir: 46,5% des immigrants admis au cours de cette période appartiennent au groupe des 25-44 ans et sont donc aptes à travailler.

TABLEAU 5

Répartition des immigrants admis au Québec entre 1990 et 1994 selon l'âge

	Nombre	%
0-14 ans	47 675	22,4 %
15-24	37 601	17,7 %
25-44	98 840	46,5 %
45-64	22 345	10,5 %
65 et plus	5 936	2,8 %
n. d.	16	—

Source : Gouvernement du Québec, ministère des Affaires internationales, des Communautés culturelles et de l'Immigration, *Le Québec en mouvement. Statistiques sur l'immigration*, 1995, n. p.

◼ DONNÉES SOCIOÉCONOMIQUES

LA SCOLARISATION

Le tableau 6 présente des données tirées du recensement de 1991 sur la
scolarisation de la population immigrée et de l'ensemble de la population
totale, et plus précisément sur le plus haut niveau de scolarité atteint chez les
hommes et les femmes.

TABLEAU 6

**Répartition de la population totale et de la population immigrée[3], âgée de 15 ans et plus,
selon le plus haut niveau de scolarité atteint, par sexe (Québec, 1991)**

	Population totale		Population immigrée	
Niveau de scolarité	Nombre	%	Nombre	%
Hommes				
1) primaire	499 490	18,9	59 635	21,5
2) secondaire	903 460	34,2	68 570	24,7
3) non universitaire	719 510	27,3	63 485	22,9
4) universitaire	516 560	19,6	86 040	31,0
Total	2 639 025	100,0	277 720	100,0

---

[3] Population immigrée : toute personne recensée en 1991 qui n'est pas citoyen canadien ou
citoyen canadien de naissance. Cette donnée recouvre essentiellement les personnes nées à
l'étranger et qui ont obtenu le droit de résidence permanente.

tableau 6 (suite)

Niveau de scolarité	Population totale		Population immigrée	
	Nombre	%	Nombre	%
Femmes				
1) primaire	594 205	21,3	77 565	28,2
2) secondaire	1 040 840	37,2	80 585	29,3
3) non universitaire	694 085	24,8	54 235	19,7
4) universitaire	465 095	16,6	62 305	22,7
Total	2 794 220	100,0	274 690	100,0
Hommes et Femmes				
1) primaire	1 093 690	20,1	137 205	24,8
2) secondaire	1 944 295	35,8	149 150	27,0
3) non universitaire	1 413 595	26,0	117 710	21,3
4) universitaire	981 655	18,1	148 340	26,9
Total	5 433 245	100,0	552 410	100,0

Source: Gouvernement du Québec, ministère des Affaires internationales, des Communautés culturelles et de l'Immigration, *Portraits statistiques régionaux: Québec et ses régions,* 1991, Collection Statistiques et indicateurs nº 9, février 1995.

Ce tableau montre tout d'abord que les immigrants sont soit faiblement scolarisés (24,8 % ont moins qu'un niveau primaire), soit fortement scolarisés (26,9 % ont atteint un niveau universitaire).

Il met aussi en évidence que, de façon générale, les femmes immigrantes sont moins scolarisées que les hommes immigrants: 28,2 % de celles-ci ont atteint un niveau primaire par rapport à 21,5 % chez les hommes. De même, beaucoup moins de femmes ont atteint un haut niveau de scolarité: 22,7 % de femmes, comparativement à 31,0 % d'hommes, ont atteint un niveau universitaire. On constate la même tendance, mais moins accentuée, dans l'ensemble de la population féminine canadienne.

Enfin, ce tableau permet de faire une comparaison intéressante entre la population immigrée et la population totale quant au niveau de scolarité: 24,8 % de la population immigrée n'a pas dépassé un niveau primaire comparativement à 20,1 % de la population totale ; par contre, 26,9 % de la population immigrée a atteint un niveau universitaire, contre seulement 18,1 % de la population totale.

On peut en dégager une autre observation importante concernant la scolarisation des immigrants selon la période d'arrivée au Québec.

Avant 1946, 47,3 % des immigrants admis au Québec n'avaient pas atteint le niveau secondaire et 11 % de ceux-ci détenaient un diplôme universitaire. Entre 1983 et 1986, seulement 21,7 % n'avaient pas atteint le secondaire et 29,2 % avaient un diplôme universitaire.

Cette tendance continue à se maintenir. Sur l'ensemble de la période comprise entre 1981 et 1990, par exemple, il y a une diminution constante de la proportion des immigrants les moins scolarisés et une progression régulière de la proportion des plus scolarisés. D'autres données concernant la scolarisation des travailleurs immigrants pendant la période comprise entre 1981 et 1990 indiquent que 59,6 % de ces immigrants ont atteint un niveau de scolarité plus élevé que le secondaire, et que seulement 10,6 % d'entre eux n'ont qu'un diplôme d'études primaires[4].

LES CATÉGORIES PROFESSIONNELLES DES IMMIGRANTS

Notons tout d'abord qu'en 1991 le taux d'activité des immigrants au Québec est de 63,1 %, soit un peu moins que le taux observé pour la population québécoise (65,1 %). Il est aussi intéressant de remarquer les différences de répartition selon les catégories professionnelles entre la population immigrée et la population totale. Le tableau 7 (p. 64) donne un aperçu de ces différences, par groupes professionnels, pour les hommes et les femmes.

La répartition selon les catégories professionnelles est à peu près semblable pour les catégories professionnelles de direction, de vente et de transformation. Par contre, il y a très peu d'immigrants œuvrant dans le secteur

---

[4]   Voir Gouvernement du Québec, ministère des Communautés culturelles et de l'Immigration, Direction des études et de la recherche, *Caractéristiques des immigrants admis au Québec*, juin 1991, 47 p.

TABLEAU 7

Répartition de la population active par catégories professionnelles, selon la population immigrée et la population totale, en pourcentage (Québec, 1991)

Catégories professionnelles	Population immigrée (%)			Population totale (%)		
	H	F	T	H	F	T
Direction	16,5	10,4	14,0	15,3	11,0	13,4
Professions libérales	19,5	23,2	21,0	15,8	23,5	19,2
Travail de bureau	7,0	23,0	13,5	7,4	32,5	18,5
Vente	8,7	8,1	8,5	9,4	8,4	8,9
Services	14,0	13,9	13,9	10,7	14,7	12,5
Industries primaires	1,6	0,6	1,2	4,0	1,1	2,7
Transformation	8,2	2,7	6,0	8,3	1,8	5,4
Fabrication produits	8,2	2,7	6,0	9,5	4,6	7,3
Construction	5,9	0,3	3,6	8,8	0,3	5,0
Autres	7,0	2,3	5,1	10,8	2,1	7,0

Source : Gouvernement du Québec, ministère des Affaires internationales, des Communautés culturelles et de l'Immigration, *Portraits statistiques régionaux : Québec et ses régions, 1991*, Collection Statistiques et indicateurs nº 9, février 1995.

primaire : parmi les hommes, 4,0 % de la population totale appartient à cette catégorie comparativement à seulement 1,6 % des hommes immigrés. On remarque quelques différences pour les professions libérales ; un peu plus d'hommes immigrés se retrouvent dans cette catégorie : 19,5 % contre 15,8 % pour la population totale. Le secteur de la construction présente aussi quelques différences : 5,9 % des hommes immigrés par rapport à 8,8 % de la population totale.

Chez les femmes, les différences apparaissent surtout dans le domaine du travail de bureau : on retrouve en effet beaucoup moins de femmes immigrées dans ce secteur (23,0 % contre 32,5 % de la population totale). On note aussi une différence dans le secteur de la fabrication (2,7 % des femmes immigrées y travaillent contre 4,6 % des femmes de la population totale).

LE CHÔMAGE

D'après le recensement de 1991, les personnes nées à l'extérieur du Canada sont un peu moins actives que la population totale (63,1 % pour 65,1 %) et le chômage les affecte un peu plus (9,6 % contre 7,9 %). Les femmes immigrées sont proportionnellement plus touchées par le chômage que l'ensemble de la population féminine. Elles sont aussi plus inactives (47,4 %).

TABLEAU 8

Répartition de la population totale et de la population immigrée, âgée de 15 ans et plus, selon les taux d'activité et de chômage (Québec 1991)

	Population totale			Population immigrée		
	H	F	T	H	F	T
Population active totale	1 972 305	1 565 335	3 537 640	204 000	144 570	348 570
	(74,7%)	(56,0%)	(65,1%)	(73,5%)	(52,6%)	(63,1%)
- Population occupée	1 735 385	1 375 410	3 110 795	175 390	120 140	295 530
	(65,8%)	(49,2%)	(57,3%)	(63,2%)	(43,7%)	(53,5%)
- Population en chômage	236 920	189 930	426 850	28 610	24 425	53 035
	(9,0%)	(6,8%)	(7,9%)	(10,3%)	(8,0%)	(9,6%)
Population inactive	666 715	1 228 880	1 895 595	73 720	130 125	203 845
	(25,3%)	(44,0%)	(34,9%)	(26,5%)	(47,4%)	(36,9%)
Total	2 639 020	2 794 215	5 433 235	277 720	274 695	552 415
	(100,0%)	(100,0%)	(100,0%)	(100,0%)	(100,0%)	(100,0%)

Source : Gouvernement du Québec, ministère des Affaires internationales, des Communautés culturelles et de l'Immigration, *Portraits statistiques régionaux: Québec et ses régions, 1991*, Collection Statistiques et indicateurs no 9, février 1995.

Une étude de Jean Renaud[5] trace le portrait de l'établissement des immigrants au cours de leur première année au Québec. On y révèle que 12% des nouveaux arrivants travaillent dès leur première semaine au Québec ; après quatre mois d'établissement, la moitié des immigrants ont obtenu un premier emploi ; après dix mois, 65% des immigrants ont trouvé du travail. La recherche révèle des taux de chômage assez élevés et une déqualification du travail chez les nouveaux arrivants ; par exemple, 50% des personnes occupant un emploi au moment de l'étude estimaient occuper un emploi moins qualifié que celui qu'elles occupaient dans leur pays d'origine.

[5] Jean Renaud, Alain Carpentier, Gisèle Ouimet et Catherine Montgomery, *La première année d'établissement d'immigrants admis au Québec en 1989 — Portraits d'un processus*, Montréal, Université de Montréal (département de sociologie) et Institut québécois de recherche sur la culture, 1992, p. 8.

Cependant, l'analyse des données concernant les prestations de la sécurité du revenu révèle la difficulté à s'intégrer au marché du travail, surtout pour les nouveaux arrivants. Jusqu'à tout récemment, la proportion des personnes immigrées recourant à la sécurité du revenu n'était pas plus élevée que celle de l'ensemble de la population du Québec. En fait, elles y avaient souvent moins recours. Mais la situation semble avoir changé : les immigrants bénéficient plus de la sécurité du revenu qu'il y a quelques années. Cette évolution a été particulièrement rapide. En effet, en 1981, 4,0 % des ménages dont le chef était né à l'extérieur du Canada étaient inscrits à la sécurité du revenu, alors qu'en 1993 c'était le cas de 12,9 % des ménages dont le chef était né à l'extérieur du Canada.

Le Conseil des communautés culturelles et de l'immigration dresse un tableau de la situation des immigrants et des immigrantes sur le marché du travail québécois dans un document publié en juillet 1993. Dans l'ensemble, les données révèlent que les immigrants vivent une situation socio-économique qui se compare à celle de l'ensemble de la population du Québec ; par contre, les nouveaux arrivants semblent éprouver davantage de difficultés à s'intégrer au marché du travail que ceux qui les ont précédés. Certains groupes d'immigrants sont aussi plus vulnérables ; c'est le cas des femmes immigrantes peu scolarisées. Selon le Conseil des communautés culturelles et de l'immigration, les principales difficultés d'intégration au marché du travail sont les suivantes :

- la méconnaissance ou la maîtrise insuffisante du français ;

- le manque d'orientation professionnelle et d'information sur le fonctionnement du marché du travail ;

- la lenteur et la complexité du processus de valorisation de leurs compétences, que ce soit en termes de reconnaissance des acquis, d'adaptation des qualifications aux particularités du marché du travail québécois ou d'accès à certaines professions ou métiers réglementés ;

- la sous-représentation dans les emplois des diverses fonctions publiques et la discrimination dans l'embauche ;

- la conjoncture économique défavorable[6].

L'importance de l'immigration au Canada et au Québec est, en effet, fortement liée aux besoins du marché du travail. Par exemple, en étudiant la

---

[6]   Jean-François Manègre, *L'immigration et le marché du travail. Un état de la question*, Conseil des communautés culturelles et de l'immigration, juillet 1993, 173 p.

figure 3, on constate que, depuis 1946, les périodes de sous-emploi ou de chômage correspondent à des baisses significatives de l'immigration. Le contraire est aussi vrai : une remontée de l'emploi correspond à une période de pointe de l'immigration.

❖ **FIGURE 3**

Niveau d'immigration et taux de chômage au Canada entre 1946 et 1994

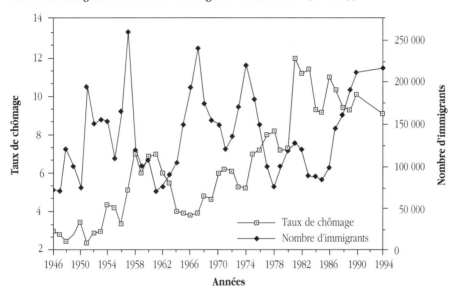

Sources : Daniel Larouche, «Les communautés ethniques : une contribution significative à la vie économique», *Forces*, n° 73, hiver 1986, p. 19.
Gouvernement du Canada, Statistique Canada, *Statistiques sur l'immigration*, 1985, 1986 et 1987.
Gouvernement du Québec, ministère des Communautés culturelles et de l'Immigration, *Le Québec en mouvement. Statistiques sur l'immigration*, 1990, n. p.
Gouvernement du Québec, ministère du Travail, *Le marché du travail*, fév. 1991.
Gouvernement du Canada, *Statistiques démographiques annuelles*, Division de la démographie, Catalogue 9-213, Ottawa, 1995, 309 p.

■ DONNÉES SOCIOCULTURELLES

LA CONNAISSANCE DES LANGUES FRANÇAISE ET ANGLAISE

Entre 1990 et 1994, 41,9 % des immigrants admis au Québec ne connaissaient ni l'anglais ni le français. Cette situation représente une difficulté de taille pour l'ensemble des institutions québécoises, qui visent une intégration linguistique harmonieuse des immigrants à la majorité francophone. Depuis

1977, la Charte de la langue française oblige tous les enfants d'immigrants à aller à l'école française. En ce sens, la francisation par l'école s'accomplit, mais il n'est pas certain que les enfants s'intègrent pour autant à la communauté francophone du Québec.

La tâche à accomplir est considérable. Et que dire du milieu de travail:

> Le français progresse sans doute au Québec, mais le processus est loin d'être irréversible (...) On ne peut contrôler la langue d'une entreprise au même titre que l'on contrôle le paiement de ses impôts, dans la mesure où l'adoption d'une langue exige un engagement qui va bien au-delà du respect d'une norme. La francisation des entreprises au Québec est, et va demeurer, avant tout, un projet politique[7].

Des objectifs concernant la langue française sont clairement définis dans l'*Énoncé de politique en matière d'immigration et d'intégration*[8] du gouvernement du Québec. Par exemple, le gouvernement québécois entend affirmer la pérennité du fait français au Québec. Pour ce faire, il veut, entre autres, développer les services d'apprentissage du français et augmenter le nombre d'immigrants francophones dans le volume total de l'immigration. La création des COFI (Centres d'orientation et de formation des immigrants), vers la fin des années 60, vise l'intégration des immigrants et des immigrantes au Québec. Le réseau compte quatre COFI à Montréal et cinq autres répartis à Québec, Laval, Longueuil, Sherbrooke et Hull. Les COFI dispensent des cours conçus pour faciliter l'apprentissage du français et faire connaître les principaux éléments de la culture québécoise.

Cependant, le Québec ne réussit pas à attirer suffisamment d'immigrants francophones. Ainsi, entre 1990 et 1994, seulement 35,0% des immigrants admis au Québec déclaraient connaître le français et l'anglais, mais 22,9% ne connaissaient que l'anglais et 41,9% ne connaissaient ni l'anglais ni le français. La proportion relative des immigrants connaissant le français et l'anglais a diminué progressivement au cours des dernières années, passant de 37,0% en 1990 à 31,2% en 1994. La proportion des immigrants ne connaissant que le français est relativement stable; elle oscille autour de 20%. La proportion des immigrants ne connaissant que l'anglais a augmenté légèrement au cours des dernières années (20,7% en 1990 à 24,1% en 1992, puis 21,5% en 1994).

---

7   S. Dion et G. Lamy, «La francisation de la langue de travail au Québec. Contraintes et réalisations», *Language Problems and Language Planning*, 14, 2, p. 119-141 (cité dans Gérard Daigle, *Le Québec en jeu. Comprendre les grands défis*, Montréal, Les Presses de l'Université de Montréal, 1992, p. 445).

8   Gouvernement du Québec, ministère des Communautés culturelles et de l'Immigration, *Au Québec pour bâtir ensemble. Énoncé de politique en matière d'immigration et d'intégration*, 1990, 88 p.

TABLEAU 9

Répartition de la population immigrante selon la connaissance des langues française et anglaise, par année d'arrivée (1990-1994)

	1990		1991		1992		1993		1994		1990-1994	
	Nombre	%	Nombre	%	Nombre	%	Nombre	%	Nombre	%	Nombre	%
Français seulement	7 824	19,5	10 672	20,8	9 977	21,0	8 402	18,9	5 445	20,1	42 888	20,2
Français et anglais	6 996	17,5	8 553	16,6	7 042	14,8	5 812	13,1	2 995	11,1	31 726	14,9
Anglais seulement	8 311	20,7	11 880	23,1	11 473	24,1	10 281	23,2	5 828	21,5	48 614	22,9
Ni anglais ni français	16 857	42,1	20 206	39,3	18 838	39,6	19 819	44,6	12 792	47,2	89 053	41,9
TOTAL	40 076	100,0	51 420	100,0	47 532	100,0	44 385	100,0	27 102	100,0	212 413	100,0

Source : Gouvernement du Québec, ministère des Affaires internationales, de l'Immigration et des Communautés culturelles, *Le Québec en mouvement. Statistiques sur l'immigration*, 1995, n. p.

Le tableau 10 présente la répartition de la population immigrante selon la connaissance des langues française et anglaise et selon le continent de naissance.

En 1994, les immigrants venant du continent africain connaissent seulement le français dans 34,8% des cas et le français et l'anglais dans 26,3% des

TABLEAU 10

Répartition de la population immigrante admise au Québec en 1992 selon la connaissance des langues française et anglaise et selon le continent de naissance

	Français seulement		Français et anglais		Anglais seulement		Ni français ni anglais		TOTAL	
	Nombre	%	Nombre	%	Nombre	%	Nombre	%	Nombre	%
Afrique	2 086	34,8	1 579	26,3	1 340	22,3	997	16,6	6 002	12,4
Amérique	3 482	33,1	1 212	11,5	1 816	17,3	3 999	38,1	10 509	21,7
Asie	1 878	7,9	2 233	9,4	7 684	32,2	12 044	50,5	23 839	49,2
Europe	2 788	35,0	2 172	27,2	958	12,0	2 057	25,8	7 975	16,4
Océanie	6	11,8	6	11,8	33	64,7	6	11,8	51	0,1
Total Tous pays	10 240	21,2	7 202	14,9	11 831	24,5	19 103	39,5	48 376	100,0

Source : Gouvernement du Québec, ministère des Affaires internationales, de l'Immigration et des Communautés culturelles, *L'immigration au Québec. Bulletin statistique annuel,* vol. 16, 1991 et 1992, Collection Statistiques et indicateurs n° 8, 105 p.

cas : ces immigrants viennent surtout de pays comme l'Algérie, le Maroc, le Zaïre et la Tunisie.

Pour ce qui est des Amériques, les immigrants venant de pays comme le Salvador, le Guatemala, le Mexique, la République Dominicaine, Haïti, le Chili et le Pérou ne connaissent souvent ni l'anglais ni le français. Il y a aussi les Américains qui, dans 60 % des cas, ne connaissent que l'anglais. Sur l'ensemble des immigrants venant des Amériques, 38,1 % ne connaissent ni le français ni l'anglais.

Ce sont surtout des immigrants provenant du continent asiatique qui ne connaissent ni l'anglais ni le français, soit 50,5 %. La majorité des immigrants originaires de Chine, de Hong-kong et du Viêt-nam ne connaît ni le français ni l'anglais. En ce qui concerne les immigrants provenant de l'Océanie, ils sont très peu nombreux et parlent surtout anglais (64,7 %).

LA CONCENTRATION DES GROUPES ETHNIQUES DANS L'ESPACE URBAIN

La région de Montréal, comprenant l'île de Montréal et les régions de la rive sud et de la rive nord, demeure un pôle d'attraction pour les immigrants qui s'établissent au Québec. En effet, elle a accueilli 87 % des immigrants de toute provenance pendant la période 1981-1990. La région de Québec a attiré plus de 8800 immigrants au cours des dix dernières années, ce qui équivaut à 4 % du mouvement total d'immigration ; viennent ensuite les régions de l'Outaouais avec 4122 personnes (2 %) et de l'Estrie avec 3513 personnes (2 %).

Une étude de Céline Le Bourdais et de Christine Lefebvre[9] montre bien où se trouvent les concentrations ethniques à Montréal : parmi les plus importantes, il y a, bien sûr, les quartiers situés le long du boulevard Saint-Laurent, qui continuent d'attirer les vagues successives de nouveaux immigrants.

De nombreux immigrants se sont aussi établis dans la partie sud du quartier Côte-des-Neiges et dans la ville de Saint-Laurent, surtout depuis 1971. Viennent ensuite les villes de Saint-Léonard et de Montréal-Nord, où se retrouvent un nombre croissant d'immigrants d'origines de plus en plus diversifiées[10].

La population immigrante représente 17 % de la population totale à Montréal. Ce pourcentage est néanmoins inférieur à celui de grandes villes

---

[9] Céline Le Bourdais et Christine Lefebvre, *Spatialisation des composantes ethniques, socio-économiques et familiales à Montréal en 1981*, Montréal, INRS-Urbanisation, 1987, 47 p.

[10] Nous donnons de plus amples renseignements sur les lieux de résidence des différentes communautés ethniques dans la section suivante, intitulée «Données historiques».

FIGURE 4

Population immigrante de la région de Montréal par subdivision de recensement (1991)

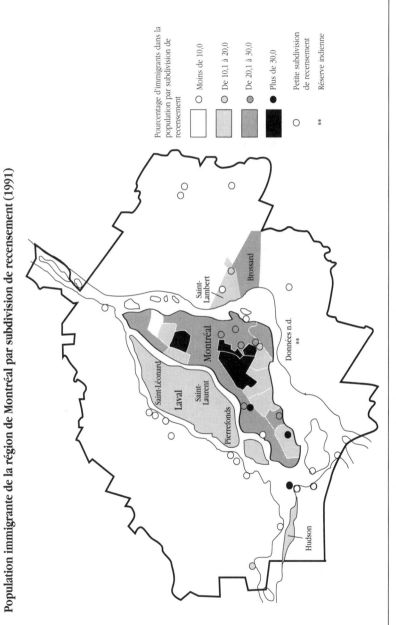

Source : Statistique Canada. Recensement de 1991. Cartographie réalisée par le Service d'information de l'Atlas national, Géomatique Canada.

canadiennes comme Toronto et Vancouver, où les immigrants représentent respectivement 38% et 30% de la population totale[11]. La figure 4 (p. 71) est une carte de la population immigrante de la région de Montréal par subdivision de recensement, en 1991[12].

■ DONNÉES HISTORIQUES[13]

À l'exception des Amérindiens et des Inuits, l'histoire du peuplement du Québec et du Canada s'est façonnée à partir de l'immigration. Ce sont des événements sociaux, politiques et économiques qui ont déterminé les différentes vagues d'immigration qu'ont connues le Québec et le Canada et, de façon générale, l'Amérique du Nord:

> Les vagues migratoires vers l'Amérique du Nord sont les plus importantes de l'histoire moderne et contemporaine. Depuis les débuts du XVIIe siècle à nos jours, 60 millions d'immigrants sont arrivés. Un peu plus de 12 millions d'immigrants se sont installés sur des terres qui sont devenues le Canada, et 47 millions sur ce territoire qui est devenu les États-Unis(...) Mais, de façon générale, tous les citoyens de ces deux grands pays sont aujourd'hui des immigrants ou des descendants de ces immigrants(...) à l'exception, bien entendu, des descendants des Amérindiens(...)[14].

Il est donc important de connaître les grandes étapes de l'histoire de l'immigration au Canada et au Québec. Nous nous intéresserons aussi bien aux peuples qui se sont installés au Québec au XIXe siècle, comme les Irlandais, qu'à ceux qui y sont venus plus récemment, comme les Libanais et les Haïtiens au XXe siècle. Nous chercherons à comprendre qui ils étaient, pourquoi ils sont venus, ce qu'ils sont devenus et comment ils se sont intégrés à la société québécoise[15].

---

[11] Viviane Renaud et Rosalinda Costa, «La population immigrante du Québec», *Tendances sociales canadiennes*, été 1995, p. 11.

[12] Cette carte présente les pourcentages d'immigrants dans la population par subdivision de recensement. Les données sont tirées du recensement du Canada de 1991. La carte a été réalisée par le Service d'information de l'Atlas national, Géomatique Canada. Cette carte est tirée de Viviane Renaud et Rosalinda Costa, «La population immigrante du Québec», *Tendances sociales canadiennes*, été 1995, p. 13.

[13] Les données statistiques sur les caractéristiques de la population sont tirées du recensement canadien de 1991 (compilations spéciales du ministère des Affaires internationales, de l'Immigration et des Communautés culturelles et de la Ville de Montréal). Le terme «origine ethnique» est employé au sens de «groupe(s) ethnique(s) auquel (auxquels) appartenaient les ancêtres du répondant». La variable «pays de naissance» porte sur la population immigrante née dans le pays d'origine (par exemple, la Chine).

[14] Jean-Pierre Rogel, *Le défi de l'immigration*, Québec, Institut québécois de recherche sur la culture, 1989, p. 14.

[15] On trouvera en annexe un tableau synoptique intégrant l'évolution des principales lois canadiennes et québécoises en matière d'immigration et l'historique de l'immigration des communautés ethniques.

LE XIXᵉ SIÈCLE

Les Irlandais

L'arrivée des Irlandais constitue la première vague massive d'immigration : entre 1816 et 1851, près d'un million d'immigrants britanniques, Écossais puis Irlandais, débarquent à Québec, à Montréal et dans les ports de l'Atlantique. La famine qui sévit en Irlande vers 1847 pousse les Irlandais à fuir leur pays et à s'entasser dans des bateaux pour traverser l'Atlantique. Ceux qui résistent aux épidémies de choléra et de typhus arrivent à Grosse Île, en aval de Québec, où ils sont d'abord mis en quarantaine :

> Grosse Île pouvait voir défiler annuellement jusqu'à 70 000 immigrantes et immigrants. Ceux qui étaient jugés sains pouvaient poursuivre leur voyage. La ville de Québec, qui comptait alors 30 000 habitants, voyait s'entasser, un peu partout, des dizaines de milliers de personnes en attente d'un bateau qui allait leur permettre de continuer leur périple. On a du mal, aujourd'hui, à imaginer l'ampleur de cette vague migratoire[16].

Les Irlandais travailleront entre autres à la construction du canal de Lachine amorcée en 1825 et du pont Victoria, qui fut inauguré en 1860.

ENCADRÉ 1

La communauté irlandaise du Québec en 1991	
Population selon l'origine ethnique	270 210
Population selon le pays de naissance	Données non disponibles
Connaissance du français et de l'anglais	
Français seulement	29 250
Français et anglais	39 820
Anglais seulement	13 715
Ni français ni anglais	—
Niveau de scolarité des 15 ans et plus	
Aucune scolarité	285
Primaire	11 055
Secondaire	31 890
Collégial	16 530
Universitaire	14 125

---

[16] Jocelyn Berthelot, *Apprendre à vivre ensemble*, Centrale de l'enseignement du Québec, 1990, p. 9.

Principales professions de la population active occupée

Employés de bureau	9 020
Directeurs, gérants, administrateurs	6 675
Services	5 285
Ventes	3 875

Principales religions

Catholique	71 570
Protestante	8 170
Aucune religion	2 815

Régions de résidence au Québec

Montréal	40 455
Québec	6 840
Hull	4 150

Municipalités de résidence dans la région de Montréal

Montréal	11 265
Laval	2 965
LaSalle	1 765
Longueuil	1 575
Verdun	1 370

Quartiers de résidence à Montréal

Côte-des-Neiges — Notre-Dame-de-Grâce	2 725
Rosemont — Petite-Patrie	1 515
Mercier — Hochelaga-Maisonneuve	1 350
Plateau-Mont-Royal — Centre-Sud	1 320

Source : Gouvernement du Québec, ministère des Affaires internationales, de l'Immigration et des Communautés culturelles et la Ville de Montréal, *Profils des communautés culturelles du Québec*, Direction des communications du ministère des Affaires internationales, de l'Immigration et des Communautés culturelles et Les Publications du Québec, 1995, p. 301-304.

Les Antillais d'expression anglaise

Au cours du XIXe siècle, de nombreux Noirs originaires des Antilles (*West Indies*) s'installent au Québec. Ils proviennent de la Barbade, de la Jamaïque, de Trinité-et-Tobago et de la Guyane. Certains arrivent des États-Unis et d'autres provinces du Canada. Ces immigrants sont surtout attirés par les emplois reliés à la construction du canal de Lachine et au développement du réseau de chemins de fer. Ils s'établissent dans les quartiers de Montréal situés de part et d'autre du canal de Lachine.

Mais c'est surtout à l'activité ferroviaire qu'est rattaché le développement de la communauté noire de Saint-Henri et de la Petite-Bourgogne. Les chemins de fer et les gares situées à proximité fournirent du travail à plusieurs de ses membres, venus de divers endroits pour s'installer ici[17].

---

[17]   Paul Fehmiu-Brown, *La présence des Noirs dans la société québécoise d'hier et d'aujourd'hui*, ministère des Affaires internationales, de l'Immigration et des Communautés culturelles et ministère de l'Éducation, 1995, 37 p.

Dans les années 50 à 60, un programme du gouvernement canadien prévoit le recrutement de femmes «domestiques» originaires de différents pays des Antilles. Il s'agit du «West Indian Domestic Schema». Dès 1960, on pouvait compter 2690 de ces immigrantes domestiques.

Les Jamaïcains forment actuellement le groupe le plus nombreux de cette communauté. La communauté jamaïcaine apparaît à la fin du XIXᵉ siècle et au début du XXᵉ siècle. Bon nombre des Jamaïcains travaillent alors dans les chemins de fer, surtout comme porteurs, mais aussi comme journaliers ou domestiques. Dans le cadre des programmes de recrutement de personnel domestique, on favorise vers 1950 l'immigration de femmes. C'est cependant surtout entre 1971 et 1980 que les effectifs de la communauté augmentent. Celle-ci est composée, d'une part, d'immigrants jeunes, urbains et scolarisés qui travailleront dans des secteurs professionnels, techniques et administratifs, et, d'autre part, d'immigrants moins scolarisés qui s'orientent vers la construction, l'usinage, la fabrication et la vente.

ENCADRÉ 2

La communauté jamaïcaine du Québec en 1991

Population selon l'origine ethnique	Données non disponibles
Population selon le pays de naissance	7 345
Connaissance du français et de l'anglais	
Français seulement	15
Français et anglais	1 500
Anglais seulement	5 825
Ni français ni anglais	—
Niveau de scolarité des 15 ans et plus	
Aucune scolarité	50
Primaire	905
Secondaire	3 160
Collégial	1 775
Universitaire	1 100
Principales professions de la population active occupée	
Travailleurs spécialisés dans les services	875
Médecine et santé	700
Employés de bureau	585
Usineurs, travailleurs spécialisés dans la fabrication, le montage et la réparation de produits	500
Directeurs, gérants, administrateurs et personnel assimilé	265

Principales religions	
Protestante	5 155
Catholique	1 175
Aucune religion	910
Régions de résidence au Québec	
Montréal	7 215
Hull	85
Municipalités de résidence dans la région de Montréal	
Montréal	3 405
LaSalle	960
Saint-Laurent	450
Pierrefonds	430
Laval	300
Quartiers de résidence à Montréal	
Côte-des-Neiges, Notre-Dame-de-Grâce	2 305
Sud-Ouest	495
Ahuntsic — Cartierville	175

Source : Gouvernement du Québec, ministère des Affaires internationales, de l'Immigration et des Communautés culturelles et la Ville de Montréal, *Profils des communautés culturelles du Québec*, Direction des communications du ministère des Affaires internationales, de l'Immigration et des Communautés culturelles et Les Publications du Québec, 1995, p. 325-331.

Les Chinois

C'est à partir de 1848 que la Colombie-Britannique accepte des immigrants chinois, provenant d'abord de Californie, puis ensuite directement de Chine. Le gouvernement canadien fait venir des milliers de paysans chinois pour travailler dans les mines du nord de la Colombie-Britannique et à la construction du chemin de fer transcontinental. Cette immigration, pourtant peu importante, se révélera marquante à cause du traitement discriminatoire qu'elle suscitera : en effet, la main-d'œuvre chinoise sera l'objet d'une exploitation manifeste :

> À compétence égale, les ouvriers blancs obtiennent des salaires souvent deux fois supérieurs à ceux des ouvriers chinois. À la fin des années 1860, ceux travaillant dans les mines de charbon reçoivent 1 $ par jour, alors que le salaire minimal d'un Blanc est de 2,50 $ (...) En 1883, la journée de travail d'un mineur cantonais coûte 1,25 $ et celle d'un Blanc de 2 $ à 3,75 $ et les employés chinois de la compagnie du Canadien Pacifique ne sont pas mieux rémunérés[18].

---

[18] Denise Helly, *Les Chinois à Montréal — 1877-1951*, Montréal, Institut québécois de recherche sur la culture, 1987, p. 43.

Plus tard, en 1885, le Parlement canadien adopte une loi visant à restreindre l'immigration chinoise. Cette loi prévoit une taxe d'entrée de 50 $, taxe qui sera haussée jusqu'à 500 $ en 1908. En 1923, le «Chinese Immigration Act» ferme définitivement la porte à toute nouvelle immigration chinoise, et ce jusqu'en 1947.

Entre 1976 et 1980, l'immigration chinoise, supportée par un parrainage collectif et privé, est composée essentiellement de réfugiés provenant d'Asie du Sud-Est; les Sino-Vietnamiens en forment la majorité. C'est une immigration diversifiée: elle comprend des membres de professions libérales, des commerçants, des paysans.

Depuis 1981, l'immigration chinoise est caractérisée surtout par l'arrivée d'investisseurs et d'entrepreneurs en provenance principalement de Hong-kong. Elle a progressé depuis 1986, principalement dans la catégorie des «indépendants», avec des entrées en provenance notamment de Hong-kong, de la Chine et de Taiwan, mais aussi du Vietnam, du Cambodge, de la Malaisie et de Macao. Entre 1986 et 1991, 10 695 personnes d'origine chinoise sont venues s'installer au Québec, ce qui représente 40 % de la population globale de cette communauté.

ENCADRÉ 3

La communauté chinoise du Québec en 1991	
Population selon l'origine ethnique	41 615
Population selon le pays de naissance	10 325
Connaissance du français et de l'anglais	
Français seulement	5 280
Français et anglais	10 955
Anglais seulement	12 730
Ni français ni anglais	7 855
Niveau de scolarité des 15 ans et plus	
Aucune scolarité	1 510
Primaire	5 160
Secondaire	9 845
Collégial	4 140
Universitaire	9 060
Principales professions de la population active occupée	
Travailleurs spécialisés dans les services	3 600
Usineurs, travailleurs spécialisés dans la fabrication,	
le montage et la réparation de produits	2 675
Employés de bureau	2 240
Directeurs, gérants, administrateurs et personnel assimilé	2 025
Professions technologiques, sociales, religieuses,	
artistiques et personnel assimilé	1 785

Principales religions	
Aucune religion	19 865
Bouddhiste	7 580
Catholique	5 560
Protestante	3 595
Région de résidence au Québec	
Montréal	34 350
Municipalités de résidence dans la région de Montréal	
Montréal	15 645
Brossard	4 505
Saint-Laurent	3 985
LaSalle	1 375
Pierrefonds	955
Quartiers de résidence à Montréal	
Côte-des-Neiges, Notre-Dame-de-Grâce	3 325
Ville-Marie	2 955
Villeray — Saint-Michel — Parc-Extension	2 160

Source : Gouvernement du Québec, ministère des Affaires internationales, de l'Immigration et des Communautés culturelles et la Ville de Montréal, *Profils des communautés culturelles du Québec*, Direction des communications du ministère des Affaires internationales, de l'Immigration et des Communautés culturelles et Les Publications du Québec, 1995, p. 128-141.

L'émigration canadienne-française vers les États-Unis (1840-1930)

Pendant environ un siècle (1840-1930), près d'un million de Canadiens français ont émigré en Nouvelle-Angleterre, surtout à cause de l'appauvrissement des sols et du manque de travail. Ils allaient travailler dans les filatures de Manchester, de Lowell, etc. Encore aujourd'hui, de nombreux descendants de ces familles portent des noms francophones, comme Bouchard, Tremblay, Gagnon... On les appela «Chinese of the East», car ils furent eux aussi victimes de discrimination. En 1926, un psychologue faisait l'observation suivante :

> Du Canada, nous recevons (...) les moins intelligents des ouvriers (...). L'augmentation du nombre de Canadiens français est alarmante. Des villes et des villages entiers de la Nouvelle-Angleterre en sont remplis. L'intelligence moyenne du groupe canadien français se rapproche dans nos données de celle des Noirs[19].

---

[19] Texte rapporté dans Lise Noël, *L'intolérance. Une problématique générale*, Montréal, Éditions Boréal/Seuil, 1991, p. 79.

CHAPITRE 2

LE DÉBUT DU XXᵉ SIÈCLE

Au début du siècle, avant la crise économique de 1929, le Canada et le Québec connaissent la plus forte période d'immigration de leur histoire. En 1913, arrivent au Canada 400 870 immigrants, niveau qui ne sera jamais égalé par la suite.

Alors que, pendant tout le XIXᵉ siècle, l'immigration avait été massivement britannique et française (seulement 2 % d'immigrants provenaient d'autres régions du monde), le début du XXᵉ siècle est marqué par la venue d'immigrants du Sud et de l'Est de l'Europe. Le groupe le plus important parmi les nouveaux immigrants de cette période sera les Juifs d'Europe de l'Est.

Les Juifs d'Europe orientale, d'Afrique du Nord et du Moyen-Orient

Ces immigrants viennent principalement de Russie, de Pologne, de Roumanie et de Lituanie. La moitié des Juifs qui se sont installés au Québec sont venus avant 1961, surtout au début du siècle ; un petit nombre est arrivé pendant et après la Seconde Guerre mondiale (orphelins de guerre, réfugiés de Hongrie, immigrants en provenance d'Israël).

Ce sont, pour la plupart, des Juifs ashkénazes, qui forment la majorité de la communauté juive de Montréal. Entre 1961 et 1970, le Québec accueille surtout des Juifs séfarades provenant des pays d'Afrique du Nord, principalement du Maroc et de l'Égypte. Depuis 1971, l'immigration juive provient plutôt du Moyen-Orient (Israël, Liban, Irak) et de l'ex-URSS.

ENCADRÉ 4

La communauté juive du Québec en 1991	
Population selon l'origine ethnique	98 055
Population selon le pays de naissance	Données non disponibles
Connaissance du français et de l'anglais	
Français seulement	3 555
Français et anglais	46 270
Anglais seulement	27 035
Ni français ni anglais	940

Niveau de scolarité des 15 ans et plus

Aucune scolarité	560
Primaire	6 055
Secondaire	21 850
Collégial	9 085
Universitaire	25 895

Principales professions de la population active occupée

Directeurs, gérants et administrateurs	8 585
Vente	6 470
Employés de bureau	6 110
Professions technologiques et sociales	4 065

Principales religions

Juive	74 545
Aucune religion	1 900

Région de résidence au Québec

Montréal	76 780

Municipalités de résidence dans la région de Montréal

Montréal	22 800
Côte Saint-Luc	17 955
Saint-Laurent	6 935
Dollard-des-Ormeaux	6 845
Hampstead	5 200
Laval	4 435
Westmount	3 630

Quartiers de résidence à Montréal

Côte-des-Neiges — Notre-Dame-de-Grâce	18 715
Ville-Marie	2 345
Plateau-Mont-Royal — Centre-Sud	1 245

Source : Gouvernement du Québec, ministère des Affaires internationales, de l'Immigration et des Communautés culturelles et la Ville de Montréal, *Profils des communautés culturelles du Québec*, Direction des communications du ministère des Affaires internationales, de l'Immigration et des Communautés culturelles et Les Publications du Québec, 1995, p. 341-345.

Les Italiens

Les Italiens forment le deuxième groupe d'immigrants en importance au début du XXe siècle. L'immigration italienne se fera en trois vagues. Dès

1860, une cinquantaine de familles d'origine italienne s'implantent à Montréal, constituant ainsi la première présence italienne dans la métropole :

> Originaires pour la plupart de l'Italie du Nord, ces résidents font partie d'une émigration professionnelle et artisanale(…). Musiciens, artisans, commerçants de marbre, plusieurs de ces résidents ont mis sur pied à Montréal des commerces et œuvrent dans des activités qui contribuent sans doute à l'apparition d'un certain cosmopolitisme dans une ville jusque-là massivement française et britannique[20].

C'est à partir de la fin du XIXe siècle et surtout au début du XXe siècle que le Canada deviendra une destination pour un nombre croissant d'Italiens. Ce mouvement d'immigration est d'abord formé en grande partie de paysans fuyant les conditions économiques précaires du Sud de l'Italie. C'est une immigration surtout masculine et saisonnière. Ces immigrants occupent des emplois demandant peu de compétences, et donc mal rémunérés, dans la construction du chemin de fer et l'extraction des matières premières (mines, forêts).

La période 1900-1925 marque le début d'une immigration familiale et permanente. La plupart des Italiens qui viennent au Québec pendant cette période sont d'origine paysanne. Ils travaillent dans le bâtiment, le creusage des canaux et le pavage des rues de Montréal.

Entre 1961 et 1975, on assiste à une autre vague d'immigration italienne. Le Québec recevra pendant cette période plus du tiers de ses immigrants italiens. Les immigrants de cette troisième vague sont venus principalement dans le cadre de la réunification familiale, et c'était le cas aussi des arrivées les plus récentes. Depuis 1981, on observe peu de nouvelles arrivées en provenance d'Italie, et il s'agit pour une part importante de personnes âgées.

Au Québec, les Italiens sont le troisième groupe d'immigrants en importance, après les Français et les Britanniques. Ils constituent 3,3 % de la population québécoise.

---

[20] Bruno Ramirez, *Les premiers Italiens de Montréal. L'origine de la Petite Italie du Québec*, Montréal, Boréal Express, 1984, p. 12.

ENCADRÉ 5

La communauté italienne du Québec en 1991

Population selon l'origine ethnique	226 645
Population selon le pays de naissance	78 685
Connaissance du français et de l'anglais	
Français seulement	32 255
Français et anglais	116 370
Anglais seulement	13 470
Ni français ni anglais	12 430
Niveau de scolarité des 15 ans et plus	
Aucune scolarité	4 510
Primaire	50 695
Secondaire	45 650
Collégial	27 850
Universitaire	24 290
Principales professions de la population active occupée	
Employés de bureau	18 580
Travailleurs spécialisés dans l'usinage	13 275
Directeurs, gérants et administrateurs	12 700
Vente	9 945
Services	9 500
Principales religions	
Catholique	166 560
Protestante	5 115
Aucune religion	2 430
Régions de résidence au Québec	
Montréal	165 735
Québec	1 560
Municipalités de résidence dans la région de Montréal	
Montréal	71 960
Saint-Léonard	28 825
Laval	14 535
Montréal-Nord	12 300
LaSalle	8 095
Quartiers de résidence à Montréal	
Rivière-des-Prairies — Pointe-aux-Trembles	18 225
Villeray — Saint-Michel — Parc-Extension	18 100
Ahuntsic — Cartierville	12 735
Rosemont — Petite-Patrie	5 895
Côte-des-Neiges — Notre-Dame-de-Grâce	5 750
Mercier — Hochelaga-Maisonneuve	5 400

Source : Gouvernement du Québec, ministère des Affaires internationales, de l'Immigration et des Communautés culturelles et la Ville de Montréal, *Profils des communautés culturelles du Québec*, Direction des communications du ministère des Affaires internationales, de l'Immigration et des Communautés culturelles et Les Publications du Québec, 1995, p. 309-312.

DE L'APRÈS-GUERRE À 1960

Les Grecs

Dès la moitié du XIXe siècle, des marins d'origine grecque arrivent au Québec. C'est une immigration d'abord individuelle, puis familiale, mais elle n'est pas assez importante pour que l'on puisse encore parler d'une vague d'immigration.

C'est en effet beaucoup plus tard, à partir des années 50, que commence la première vague d'immigration grecque, constituée de «gens provenant de régions montagnardes et rurales, avec des caractéristiques communes: une éducation peu poussée, ignorance de la langue, le rêve de retourner en Grèce[21]». À ce groupe, viennent s'ajouter des immigrants scolarisés et qualifiés. Pendant cette période, des travailleuses grecques seront recrutées par des agences pour l'entretien domestique dans des familles bourgeoises. Il est à noter que 30% des immigrants grecs sont arrivés au Québec avant 1961.

C'est pendant la seconde vague d'immigration grecque, entre 1961 et 1970, que presque la moitié des immigrants grecs s'installent au Québec. Leur installation se fera en deux temps: d'abord des immigrants d'origine urbaine, scolarisés et qualifiés (étudiants, membres des professions libérales et ouvriers spécialisés); ensuite, surtout des immigrants peu scolarisés provenant des milieux ruraux. Ces derniers travailleront dans les secteurs des services, de la fabrication, du bâtiment, de la manutention, de la vente et de l'administration. Depuis 1981, l'immigration grecque reste faible et majoritairement constituée d'entrées effectuées dans le cadre de la réunification familiale.

ENCADRÉ 6

La communauté grecque du Québec en 1991	
Population selon l'origine ethnique	56 535
Population selon le pays de naissance	25 700
Connaissance du français et de l'anglais	
Français seulement	1 215
Français et anglais	25 785
Anglais seulement	17 525
Ni français ni anglais	5 365

---

21   Stephanos Constantinides, *Les Grecs du Québec*, Montréal, Éditions Le Métèque, coll. Identités ethno-culturelles, 1983, p. 71.

Niveau de scolarité des 15 ans et plus	
Aucune scolarité	1 050
Primaire	13 950
Secondaire	12 670
Collégial	7 490
Universitaire	7 615
Principales professions de la population active occupée	
Travailleurs spécialisés dans les services	6 540
Employés de bureau	4 000
Travailleurs spécialisés dans l'usinage	3 840
Directeurs, gérants et administrateurs	2 715
Vente	2 070
Principales religions	
Orthodoxe	47 505
Catholique	1 045
Protestante	810
Régions de résidence au Québec	
Montréal	48 580
Québec	285
Municipalités de résidence dans la région de Montréal	
Montréal	21 745
Laval	11 695
Saint-Laurent	4 380
Dollard-des-Ormeaux	1 550
Quartiers de résidence à Montréal	
Villeray — Saint-Michel — Parc-Extension	11 170
Ahuntsic — Cartierville	4 035
Côte-des-Neiges — Notre-Dame-de-Grâce	2 520

Source : Gouvernement du Québec, ministère des Affaires internationales, de l'Immigration et des Communautés culturelles et la Ville de Montréal, *Profils des communautés culturelles du Québec*, Direction des communications du ministère des Affaires internationales, de l'Immigration et des Communautés culturelles et Les Publications du Québec, 1995, p. 217-226.

Les Portugais

Dès le XVIIᵉ siècle, des explorateurs, et surtout des pêcheurs portugais, viennent pêcher la morue à Terre-Neuve. Quelques-uns d'entre eux s'installeront au Québec.

Mais c'est principalement à partir de la fin des années 50, et jusqu'au début des années 80, que l'on peut parler d'immigration portugaise. En effet, près de 80 % des immigrants portugais s'installeront au Québec entre 1961 et 1980. Ils viennent surtout des Açores, mais aussi du Portugal continental et de Madère, ainsi que du Mozambique et d'Angola, deux anciennes colonies portugaises d'Afrique.

La vague d'immigration portugaise s'est faite en deux temps. Les services canadiens de l'immigration ont d'abord recruté une main-d'œuvre essentiellement masculine, d'origine rurale et non qualifiée, pour travailler à la construction de lignes de chemin de fer ou comme ouvriers agricoles. Par la suite, les Portugais déjà établis au Québec ont fait venir leurs parents dans le cadre de la réunification familiale. Depuis 1986, un nombre significatif d'immigrants portugais de la catégorie des «indépendants» s'est ajouté à celui de la réunification familiale, ce qui a fait remonter le volume d'immigration portugaise par rapport à la période 1981-1986.

ENCADRÉ 7

La communauté portugaise du Québec en 1991

Population selon l'origine ethnique	42 975
Population selon le pays de naissance	24 155
Connaissance du français et de l'anglais	
Français seulement	14 415
Français et anglais	16 345
Anglais seulement	2 560
Ni français ni anglais	3 845
Niveau de scolarité des 15 ans et plus	
Aucune scolarité	1 840
Primaire	11 120
Secondaire	9 985
Collégial	4 265
Universitaire	2 570
Principales professions de la population active occupée	
Services	4 125
Travailleurs spécialisés dans l'usinage	3 855
Employés de bureau	2 710
Directeurs, gérants et administrateurs	1 515
Travailleurs du bâtiment	1 415
Principales religions	
Catholique	35 555
Protestante	795
Aucune religion	755
Régions de résidence au Québec	
Montréal	32 325
Hull	2 720
Municipalités de résidence dans la région de Montréal	
Montréal	19 345
Laval	3 715
LaSalle	860
Brossard	835
Longueuil	680
Blainville	640

Quartiers de résidence à Montréal
   Plateau-Mont-Royal — Centre-Sud   6 310
   Villeray — Saint-Michel — Parc-Extension 5 395
   Rosemont — Petite-Patrie   2 805

Source : Gouvernement du Québec, ministère des Affaires internationales, de l'Immigration et des Communautés culturelles et la Ville de Montréal, *Profils des communautés culturelles du Québec*, Direction des communications du ministère des Affaires internationales, de l'Immigration et des Communautés culturelles et Les Publications du Québec, 1995, p. 485-488.

Les différentes communautés ethniques que nous avons présentées jusqu'ici se trouvent au Québec depuis longtemps et sont solidement implantées et intégrées à la société québécoise. À Montréal, de nombreuses associations (par exemple, plus de 200 associations italiennes), des lieux de culte, des centres culturels (le Centre Saidye Bronfman, par exemple) et des restaurants font foi de cette intégration et de l'apport culturel de chacune de ces communautés.

LA FIN DU XXᵉ SIÈCLE : DE 1960 À 1990

Alors que le XIXᵉ siècle et le début du XXᵉ siècle ont été marqués par une immigration plutôt homogène, européenne, blanche et de religion chrétienne (la loi de 1952 spécifiait : «White if possible»), l'immigration de la seconde partie du XXᵉ siècle sera plus diversifiée et signifiera pour le Québec une ouverture sur le monde.

Depuis 1960, les immigrants d'origine non européenne admis au Québec constituent la majorité de l'ensemble des immigrants. Voyons de plus près l'histoire de ces communautés culturelles.

Les Haïtiens

Le groupe le plus important de cette nouvelle période d'immigration vient d'Haïti. C'est surtout entre 1971 et 1991 que s'établiront, principalement au Québec, les ressortissants de ce pays. Au cours des vingt dernières années, Haïti a été le pays qui a fourni le plus d'immigrants au Québec, soit 1700 personnes en moyenne par année. Il y a eu trois grandes vagues d'immigration haïtienne. Tout d'abord, entre 1968 et 1972, arrivent des Haïtiens issus de la petite bourgeoisie professionnelle. Ils fuient le régime dictatorial de Duvalier. Jeunes et scolarisés, ils viennent répondre aux nouvelles exigences de main-d'œuvre de la Révolution tranquille au Québec ; ces Haïtiens sont des membres des professions libérales, surtout des médecins, des infirmières, des professeurs et des ingénieurs.

À partir de 1973 et jusqu'en 1980, arrivent des Haïtiens issus de catégories professionnelles moins spécialisées, souvent de souche paysanne. Moins scolarisée que la précédente, cette vague comprend plus de femmes que d'hommes (54,5 % de femmes et 45,5 % d'hommes). Ces immigrants viennent au Québec surtout dans le cadre de la réunification familiale. Quarante-huit pour cent de l'immigration haïtienne est arrivée au Québec entre 1971 et 1980. Comme le souligne un journaliste :

> Le Québec a alors besoin de main-d'œuvre non spécialisée, particulièrement dans le domaine du textile que délaissent les Italiens et les Grecs. Les ouvriers haïtiens prendront la relève ; ils arrivent alors par milliers (en moyenne 2000 par année durant les années 70) moins instruits et moins fortunés que ceux de la première vague[22].

Enfin, durant les années 80 et jusqu'en 1991, ce sont surtout les membres des familles haïtiennes du Québec, qui étaient demeurés en Haïti, et un certain nombre de réfugiés qui alimentent le réseau de l'immigration haïtienne. Cette troisième vague représente 45 % de l'immigration haïtienne au Québec.

Depuis 1981, Haïti fait partie des dix principaux pays de naissance des immigrants admis au Québec. En 1991, les 37 210 immigrants d'Haïti installés au Québec y représentaient 6,3 % de la population immigrante totale[23].

ENCADRÉ 8

La communauté haïtienne du Québec en 1991	
Population selon l'origine ethnique	40 940
Population selon le pays de naissance	39 410
Connaissance du français et de l'anglais	
Français seulement	26 395
Français et anglais	11 750
Anglais seulement	80
Ni français ni anglais	1 185

---

22 Gérald Leblanc, «Noirs et francophones. Les Haïtiens ont changé le visage de Montréal», *La Presse*, 8 déc. 1991.

23 Gouvernement du Québec, *Population immigrée recensée au Québec en 1991 : caractéristiques générales*, Direction des communications du ministère des Communautés culturelles et de l'immigration, octobre 1993, p. 29.

Niveau de scolarité des 15 ans et plus	
Aucune scolarité	1 600
Primaire	5 905
Secondaire	12 150
Collégial	8 825
Universitaire	7 155
Principales professions de la population active occupée	
Travailleurs spécialisés dans l'usinage	4 035
Médecine et santé	2 570
Services	2 515
Employés de bureau	2 355
Travailleurs des industries de transformation	1 330
Principales religions	
Catholique	25 595
Protestante	11 850
Aucune religion	1 830
Régions de résidence au Québec	
Montréal	37 040
Hull	565
Québec	475
Municipalités de résidence dans la région de Montréal	
Montréal	20 245
Montréal-Nord	4 590
Laval	3 610
Saint-Léonard	1 680
Longueuil	1 545
Quartiers de résidence à Montréal	
Villeray — Saint-Michel — Parc-Extension	8 235
Rivière-des-Prairies — Pointe-aux-Trembles	4 055
Ahuntsic — Cartierville	2 330
Rosemont — Petite-Patrie	2 300
Côte-des-Neiges — Notre-Dame-de-Grâce	1 470
Mercier — Hochelaga-Maisonneuve	935

Source : Gouvernement du Québec, ministère des Affaires internationales, de l'Immigration et des Communautés culturelles et la Ville de Montréal, *Profils des communautés culturelles du Québec*, Direction des communications du ministère des Affaires internationales, de l'Immigration et des Communautés culturelles et Les Publications du Québec, 1995, p. 249-252.

L'immigration en provenance de pays arabes

Les Arabes ne sont pas recensés comme tels dans les statistiques officielles du Canada. En effet, l'identité arabe est difficile à cerner. Il existe 22 États qui se qualifient d'arabes :

Si l'on demandait à l'une ou l'autre des 170 millions de personnes qui vivent dans les pays arabes pourquoi elle se considère comme arabe, sa première réponse serait qu'elle parle l'arabe, une langue riche que tout Arabe aime (...) [elle] nous parlerait aussi des trois religions de la tradition monothéiste abrahamique qui ont vu le jour dans le monde arabe : le judaïsme, le christianisme et l'islam (...) [et] ensuite des quatorze siècles d'histoire commune depuis que l'Islam a façonné une culture arabo-islamique, héritière légitime des grandes civilisations de l'antiquité, qui a su contribuer de façon inestimable à la civilisation mondiale[24].

L'immigration arabe au Québec commence après la Seconde Guerre mondiale mais s'intensifie surtout durant les années 60. Elle comprend trois grands courants migratoires : un premier courant venant d'Égypte, entre 1964 et 1968 ; un deuxième du Maroc, en 1964 et en 1968 ; et un troisième du Liban, à partir de 1976. On peut dire de la communauté arabe installée au Québec qu'elle «reflète toute la diversité religieuse, ethnique et socioculturelle du monde arabe. Les motivations qui ont poussé des membres de cette communauté à émigrer sont parfois économiques, mais le plus souvent politiques : la peur de la répression, qu'elle soit directe (guerre, violence, occupation militaire, dictature), indirecte (absence d'État de droit) ou camouflée (montée des intégrismes)[25]. »

Les Égyptiens

Environ 40 % de la communauté égyptienne du Québec est arrivée avant 1971, pour répondre aux besoins de main-d'œuvre de la Révolution tranquille. Ces immigrants égyptiens sont d'origine urbaine et hautement qualifiés ; ils s'orientent vers des professions libérales et des emplois de bureau. Entre 1971 et 1980, l'immigration égyptienne est plus diversifiée. Les immigrants sont admis comme indépendants et dans le cadre de la réunification familiale. Pendant cette période, 30,9 % des Égyptiens s'installent au Québec.

De 1981 à 1985, le nombre d'Égyptiens qui s'installent au Québec diminue beaucoup. Mais le mouvement a repris fortement entre 1986 et 1991, avec des entrées de ressortissants appartenant surtout à la catégorie des «indépendants» et des «réfugiés». Ce nouvel apport a contribué pour 24 % de la totalité de la communauté égyptienne du Québec.

---

[24] Norma Salem, «La communauté arabophone du Québec», *Forces*, n° 73, hiver 1986.

[25] Naïma Bendris et Marie-Blanche Tahon, *Regards sur les Arabes*, Centre d'études arabes pour le développement (CEAD), cahier 6, févr. 1992.

ENCADRÉ 9

La communauté égyptienne du Québec en 1991

Population selon l'origine ethnique	12 480
Population selon le pays de naissance	15 690
Connaissance du français et de l'anglais	
Français seulement	1 395
Français et anglais	6 725
Anglais seulement	815
Ni français ni anglais	255
Niveau de scolarité des 15 ans et plus	
Aucune scolarité	30
Primaire	270
Secondaire	1 980
Collégial	955
Universitaire	4 315
Principales professions de la population active occupée	
Directeurs, gérants et administrateurs	1 190
Employés de bureau	655
Professions technologiques et sociales	550
Vente	520
Enseignants	505
Principales religions	
Catholiques	4 075
Orthodoxe	2 910
Islamique	1 160
Protestante	940
Régions de résidence au Québec	
Montréal	8 660
Hull	120
Québec	100
Municipalités de résidence dans la région de Montréal	
Montréal	2 100
Saint-Laurent	1 640
Laval	1 030
Dollard-des-Ormeaux	650
Brossard	545
Pierrefonds	380
Quartiers de résidence à Montréal	
Ahuntsic — Cartierville	1 020
Côte-des-Neiges — Notre-Dame-de-Grâce	395
Ville-Marie	175
Villeray — Saint-Michel — Parc-Extension	160

Source : Gouvernement du Québec, ministère des Affaires internationales, de l'Immigration et des Communautés culturelles et la Ville de Montréal, *Profils des communautés culturelles du Québec*, Direction des communications du ministère des Affaires internationales, de l'Immigration et des Communautés culturelles et Les Publications du Québec, 1995, p. 169-172.

CHAPITRE 2

Les Marocains

C'est surtout pendant la Révolution tranquille que le Québec accueille des immigrants provenant du Maroc ; en effet, 31 % des immigrants marocains viendront au Québec avant 1971, puis 30 % entre 1971 et 1980. Issus de milieux urbains et scolarisés, ils seront acceptés au Québec surtout à titre d'indépendants. Une forte majorité de ces immigrants se dirigera vers des emplois de bureau et des professions libérales.

Entre 1981 et 1985, le Québec a accueilli 13 % de son immigration marocaine, surtout dans le cadre de la réunification familiale. Depuis 1986, se sont ajoutés surtout des personnes appartenant à la catégorie des « indépendants » et quelques réfugiés, de sorte que 26 % de la communauté marocaine du Québec est arrivée durant la période allant de 1986 à 1991.

ENCADRÉ 10

La communauté marocaine du Québec en 1991

Population selon l'origine ethnique	Données non disponibles
Population selon le pays de naissance	14 485
Connaissance du français et de l'anglais	
Français seulement	5 715
Français et anglais	8 305
Anglais seulement	135
Ni français ni anglais	230
Niveau de scolarité des 15 ans et plus	
Aucune scolarité	280
Primaire	945
Secondaire	4 395
Collégial	2 870
Universitaire	4 950
Principales professions de la population active occupée	
Directeurs, gérants et administrateurs	1 155
Vente	1 155
Employés de bureau	1 090
Services	915
Professions technologiques et sociales	760
Principales religions	
Juive	7 910
Islamique	4 655
Catholique	1 125
Aucune religion	550

Régions de résidence au Québec	
Montréal	13 535
Québec	255
Municipalités de résidence dans la région de Montréal	
Montréal	5 895
Saint-Laurent	1 840
Côte Saint-Luc	1 755
Laval	980
Quartiers de résidence à Montréal	
Côte-des-Neiges — Notre-Dame-de-Grâce	3 655
Ahuntsic — Cartierville	500

Source : Gouvernement du Québec, ministère des Affaires internationales, de l'Immigration et des Communautés culturelles et la Ville de Montréal, *Profils des communautés culturelles du Québec*, Direction des communications du ministère des Affaires internationales, de l'Immigration et des Communautés culturelles et Les Publications du Québec, 1995, p. 399-402.

Les Libanais

Les premiers Libanais se sont installés au Québec à la veille et au lendemain de la Première Guerre mondiale à cause de la famine et de la répression qui sévissaient dans leur pays.

Mais c'est surtout à la suite de l'éclatement de la guerre civile au Liban en 1976 qu'une première vague d'immigrants d'origine libanaise viendront au Québec, fuyant la violence et le non-respect des droits humains. En effet, 26 % des immigrants libanais s'installeront au Québec entre 1971 et 1985.

La période comprise entre 1975 et 1978 est caractérisée par l'arrivée d'un grand nombre de réfugiés, qui sont scolarisés et qualifiés. La période qui suit (1981-1985) est marquée par l'afflux d'immigrants admis en vertu des catégories «entrepreneurs», «réunification familiale» et dans le cadre de «programmes spéciaux[26]». Cette tendance s'est accentuée dernièrement, à la faveur d'une deuxième vague d'immigration libanaise. Entre 1986 et 1991, c'est 65 % de l'immigration libanaise qui arrive au Québec.

Le Liban figure parmi les premiers pays de naissance des immigrants depuis 1981. En 1991, les 25 930 immigrants libanais installés au Québec y représentaient 4,4 % de la population immigrée[27].

---

[26] La catégorie des réfugiés comprend une sous-catégorie : les personnes désignées collectivement en raison de la situation de détresse dans laquelle elles se trouvent. Le gouvernement peut décider, selon l'évolution de la situation internationale, d'accorder la priorité à certains groupes. Dans les années 80, par exemple, il y eut des programmes spéciaux pour le Salvador et le Guatemala. Plus récemment, des programmes spéciaux ont été mis en place pour le Liban et l'ex-Yougoslavie.

[27] Gouvernement du Québec, *Population immigrée recensée au Québec en 1991 : caractéristiques générales*, Direction des communications du ministère des Communautés culturelles et de l'immigration, octobre 1993, p. 29.

La communauté libanaise du Québec en 1991

Population selon l'origine ethnique	38 460
Population selon le pays de naissance	25 935
Connaissance du français et de l'anglais	
Français seulement	7 760
Français et anglais	19 070
Anglais seulement	2 580
Ni français ni anglais	2 165
Niveau de scolarité des 15 ans et plus	
Aucune scolarité	525
Primaire	2 190
Secondaire	7 625
Collégial	3 975
Universitaire	10 206
Principales professions de la population active occupée	
Directeurs, gérants et administrateurs	1 155
Vente	1 155
Employés de bureau	1 090
Services	915
Professions technologiques et sociales	760
Principales religions	
Catholique	13 160
Orthodoxe	8 365
Islamique	6 715
Protestante	2 675
Régions de résidence au Québec	
Montréal	28 490
Hull	1 915
Municipalités de résidence dans la région de Montréal	
Montréal	10 830
Saint-Lambert	4 570
Laval	2 970
Saint-Léonard	1 410
Quartiers de résidence à Montréal	
Ahuntsic — Cartierville	4 770
Côte-des-Neiges — Notre-Dame-de-Grâce	1 950
Villeray — Saint-Michel — Parc-Extension	1 615

Source : Gouvernement du Québec, ministère des Affaires internationales, de l'Immigration et des Communautés culturelles et la Ville de Montréal, *Profils des communautés culturelles du Québec*, Direction des communications du ministère des Affaires internationales, de l'Immigration et des Communautés culturelles et Les Publications du Québec, 1995, p. 379-386.

L'immigration indochinoise

Entre 1975 et 1978, le Québec a accueilli 16 960 immigrants en provenance d'Indochine : 11 345 Vietnamiens, 3 370 Cambodgiens et 2 245 Laotiens. C'est dans le cadre d'un programme spécial d'aide aux réfugiés indochinois que seront admis au Québec les *boat people*, ou «réfugiés de la mer», dans le cas des Vietnamiens et les «réfugiés de la terre» dans le cas des Cambodgiens et des Laotiens.

Les Vietnamiens

L'immigration vietnamienne s'est effectuée en trois phases bien distinctes :

De 1950 à 1975 : étudiants universitaires

Des étudiants universitaires, originaires du Sud du Viêt-nam, viennent étudier à Montréal. Ce sont de jeunes intellectuels issus de classes sociales aisées. La plupart retourneront dans leur pays à la fin de leurs études, mais certains décideront de rester. En 1975, on comptait entre 600 et 1000 Vietnamiens au Québec.

De 1975 à 1978 : premiers réfugiés de la mer

En 1975, le premier groupe de réfugiés vietnamiens arrive à Montréal. Près de 2000 personnes suivront cette année-là. Ces premiers réfugiés de la mer, issus de la classe aisée urbaine, sont des membres des professions libérales et des employés de bureau, qui fuient le régime communiste.

De 1978 à 1980 : deuxième vague de réfugiés de la mer

À la fin de l'année 1978, à la suite d'une prise de conscience internationale, le Canada réalise l'ampleur du problème des réfugiés de la mer. Les gouvernements canadien et québécois organisent alors le parrainage collectif de milliers de réfugiés. Des diocèses, des paroisses, des associations, des groupes s'engagent à parrainer des réfugiés. Plus de 5000 Vietnamiens viendront pendant cette période.

Cette deuxième vague de réfugiés est différente de la première : elle est composée d'ouvriers plus ou moins spécialisés, de techniciens, de commerçants. Autre différence importante : elle comprend un grand nombre de Sino-Vietnamiens qui ont quitté le Viêt-nam pour échapper aux persécutions et à la nationalisation de leurs biens. Ils ont passé plusieurs mois dans des camps de réfugiés, où ils ont affronté tempêtes, vols et famine. À peine un tiers de ces exilés ont réussi à survivre au voyage :

> Peu à peu, le mouvement d'exil s'est étendu et a rejoint des paysans, des pêcheurs, des artisans d'origines ethniques diverses, souvent illettrés et beaucoup plus pauvres. Ce sont eux qui forment la majeure partie du contingent

vietnamien au Québec, composé à part sensiblement égale de Sino-Vietnamiens et de Vietnamiens d'origine[28].

Les Vietnamiens continueront de s'installer au Québec dans les années 80. Au cours de la période de 1986 à 1991, l'immigration se maintient, avec des entrées de la catégorie «réunification de famille» et «réfugiés» principalement. Quelque 22% de l'immigration vietnamienne s'est installée au Québec au cours de cette période.

ENCADRÉ 12

La communauté vietnamienne du Québec en 1991

Population selon l'origine ethnique	21 805
Population selon le pays de naissance	20 720
Connaissance du français et de l'anglais	
Français seulement	6 855
Français et anglais	9 035
Anglais seulement	1 650
Ni français ni anglais	2 445
Niveau de scolarité des 15 ans et plus	
Aucune scolarité	415
Primaire	1 875
Secondaire	5 045
Collégial	2 395
Universitaire	6 205
Principales professions de la population active occupée	
Travailleurs spécialisés dans l'usinage	1 625
Professions technologiques et sociales	1 415
Vente	1 115
Employés de bureau	990
Directeurs, gérants et administrateurs	850
Médecine et santé	845
Principales religions	
Bouddhiste	10 615
Catholique	5 000
Aucune religion	3 930
Régions de résidence au Québec	
Montréal	17 790
Québec	790
Sherbrooke	460
Hull	380

---

[28] Québec, ministère de l'Éducation, *À la découverte de la communauté vietnamienne*, coll. Communautés culturelles du Québec, 1984, p. 15.

Municipalités de résidence dans la région de Montréal	
Montréal	12 205
Saint-Laurent	1 065
Brossard	990
Longueuil	640
Mont-Royal	480
Laval	410
Quartiers de résidence à Montréal	
Côte-des-Neiges — Notre-Dame-de-Grâce	4 040
Villeray — Saint-Michel — Parc-Extension	2 185
Plateau-Mont-Royal — Centre-Sud	1 460
Rosemont — Petite-Patrie	1 320

Source : Gouvernement du Québec, ministère des Affaires internationales, de l'Immigration et des Communautés culturelles et la Ville de Montréal, *Profils des communautés culturelles du Québec*, Direction des communications du ministère des Affaires internationales, de l'Immigration et des Communautés culturelles et Les Publications du Québec, 1995, p. 627-630.

Les Cambodgiens et les Laotiens

Les Cambodgiens ou Khmers et les Laotiens sont des « réfugiés de la terre », c'est-à-dire des réfugiés qui, fuyant des conditions de vie pénibles et des persécutions, se rendent, après plusieurs jours de marche, dans des camps de réfugiés en Thaïlande. De là, ils émigrent dans différents pays, parmi lesquels le Canada et le Québec.

Avant 1975, il y avait très peu de Cambodgiens au Québec ; il s'agissait surtout d'étudiants, de commerçants et de fonctionnaires. Une première vague de réfugiés cambodgiens arrivera entre 1975 et 1977 : ce sont des personnes issues des classes aisées (membres des professions libérales, techniciens et fonctionnaires).

Une seconde vague de réfugiés sera admise en 1979 et en 1980, dans le cadre de parrainages privés et collectifs. Elle se compose d'immigrants scolarisés, d'origine rurale. Ces deux vagues de réfugiés totalisent environ 35 % de la communauté cambodgienne admise au Québec.

L'afflux d'immigrants cambodgiens qui s'installent au Québec entre 1981 et 1985 dans le cadre de la réunification familiale principalement composent 41 % de la communauté cambodgienne. Entre 1986 et 1991, ce sont des « réfugiés » qui constituent l'essentiel de l'immigration cambodgienne.

Le Cambodge (Kampuchea) fait partie des vingt principaux pays de naissance des immigrants admis au Québec. En 1991, les 7 900 immigrants d'origine cambodgienne représentaient 1,3 % de la population immigrée du Québec[29].

---

[29] Gouvernement du Québec, *Population immigrée recensée au Québec en 1991 : caractéristiques générales*, Direction des communications du ministère des Communautés culturelles et de l'Immigration, octobre 1993, p. 29.

ENCADRÉ 13

La communauté cambodgienne du Québec en 1991

Population selon l'origine ethnique	8 720
Population selon le pays de naissance	7 900

Connaissance du français et de l'anglais
Français seulement	4 590
Français et anglais	1 645
Anglais seulement	280
Ni français ni anglais	1 540

Niveau de scolarité des 15 ans et plus
Aucune scolarité	645
Primaire	1 440
Secondaire	1 735
Collégial	855
Universitaire	555

Principales professions de la population active occupée
Travailleurs spécialisés dans l'usinage	780
Services	330
Employés de bureau	185
Vente	170
Professions technologiques et sociales	170

Principales religions
Bouddhiste	5 790
Catholique	1 055
Aucune religion	875
Protestante	265

Régions de résidence au Québec
Montréal	6 700
Québec	585
Hull	230
Sherbrooke	95
Trois-Rivières	80

Municipalités de résidence dans la région de Montréal
Montréal	2 960
Saint-Laurent	1 080
Laval	990
Longueuil	285
Anjou	200

Quartiers de résidence à Montréal
Villeray — Saint-Michel — Parc-Extension	995
Côte-des-Neiges — Notre-Dame-de-Grâce	565
Rivière-des-Prairies — Pointe-aux-Trembles	475
Ahuntsic — Cartierville	410
Mercier — Hochelaga-Maisonneuve	155

Source : Gouvernement du Québec, ministère des Affaires internationales, de l'Immigration et des Communautés culturelles et la Ville de Montréal, *Profils des communautés culturelles du Québec*, Direction des communications du ministère des Affaires internationales, de l'Immigration et des Communautés culturelles et Les Publications du Québec, 1995, p. 115-118.

97

Les Laotiens ont suivi un peu le même cheminement migratoire que les Cambodgiens. Avant 1971, il y avait peu de Laotiens au Québec : quelques étudiants et des membres des professions libérales. C'est entre 1971 et 1980 que la moitié de la communauté laotienne du Québec s'y est installée. Pendant cette période, on remarque deux vagues d'immigration : une première vague de réfugiés issus des classes aisées, constituée de membres des professions libérales et de techniciens ; une seconde vague admise dans le cadre de parrainages privés et collectifs, composée de gens moins scolarisés et souvent d'origine rurale. Par la suite, entre 1981 et 1985, d'autres immigrants arriveront au Québec, surtout comme réfugiés, mais aussi dans le cadre de la réunification familiale. Ils forment 24 % de la communauté laotienne du Québec. De 1986 à 1991, cette tendance s'est maintenue, un apport qui représente 26 % de la communauté laotienne installée au Québec.

ENCADRÉ 14

La communauté laotienne du Québec en 1991

Population selon l'origine ethnique	4 715
Population selon le pays de naissance	4 250
Connaissance du français et de l'anglais	
Français seulement	2 520
Français et anglais	1 140
Anglais seulement	130
Ni français ni anglais	525
Niveau de scolarité des 15 ans et plus	
Aucune scolarité	210
Primaire	710
Secondaire	1 325
Collégial	440
Universitaire	270
Principales professions de la population active occupée	
Travailleurs spécialisés dans l'usinage	656
Travailleurs des industries de transformation	160
Employés de bureau	145
Services	125
Principales religions	
Bouddhiste	3 285
Catholique	740
Aucune religion	215
Protestante	55

Régions de résidence au Québec	
Montréal	3 285
Hull	160
Québec	150
Chicoutimi-Jonquière	80
Sherbrooke	60
Municipalités de résidence dans la région de Montréal	
Montréal	1 380
Laval	455
Saint-Laurent	360
Longueuil	315
Boisbriand	290
Quartiers de résidence à Montréal	
Côte-des-Neiges — Notre-Dame-de-Grâce	440
Villeray — Saint-Michel — Parc-Extension	270
Ahuntsic — Cartierville	165
Sud-Ouest	160
Mercier — Hochelaga-Maisonneuve	145
Plateau-Mont-Royal — Centre-Sud	120

Source : Gouvernement du Québec, ministère des Affaires internationales, de l'Immigration et des Communautés culturelles et la Ville de Montréal, *Profils des communautés culturelles du Québec*, Direction des communications du ministère des Affaires internationales, de l'Immigration et des Communautés culturelles et Les Publications du Québec, 1995, p. 359-362.

L'immigration latino-américaine

L'instabilité politique croissante dans les pays d'Amérique centrale et d'Amérique du Sud a provoqué, dès 1970, l'exode de nombreux Latino-Américains[30] vers le Canada et le Québec :

> (...) nous croyons qu'il est vain de tenter de séparer les raisons politiques des motivations économiques. Une répression presque généralisée à l'ensemble des pays d'Amérique latine se conjugue à une répartition très inégalitaire des richesses, forçant beaucoup de gens à l'exode. Il n'en demeure pas moins que la majorité des Latino-Américains du Québec proviennent de pays caractérisés par une répression féroce et des conflits violents[31].

---

[30] Personnes nées dans différents pays de l'Amérique du Sud et de l'Amérique centrale, ayant en commun la langue espagnole (à l'exception du Brésil). La communauté latino-américaine est très diversifiée : elle compte des membres issus de dix-huit pays.

[31] Agnès Beaulieu et Maria Elena Concha, *Les Latino-Américains au Québec, Portrait des familles de Côte-des-Neiges*, Montréal, Association des immigrants latino-américains de Côte-des-Neiges, juin 1988, p. 2.

Selon le recensement de 1991, il y avait au Québec 38 430 personnes d'origine latino-américaine (22 535 d'Amérique du Sud et 15 895 d'Amérique centrale). Parmi les principaux pays de naissance des Latino-Américains du Québec, nous trouvons le Salvador, le Chili, le Pérou, la Colombie, le Guatemala et l'Argentine.

On distingue trois vagues d'immigration latino-américaine : la première, dans les années 70, en provenance d'Amérique du Sud, est composée principalement de Chiliens, mais aussi de Colombiens, d'Argentins et de Péruviens ; la seconde, au début des années 80, en provenance d'Amérique centrale, est composée majoritairement de Salvadoriens et de Guatémaltèques ; et la plus troisième, qui est la plus importante, de 1986 à 1991, est constituée d'apports provenant du Salvador, du Chili, du Pérou. du Guatemala, du Nicaragua et du Honduras.

Nous avons choisi de présenter l'histoire des deux communautés les plus importantes en nombre de chacune de ces vagues d'immigration d'Amérique du Sud (les Chiliens et les Colombiens) et d'Amérique centrale (les Salvadoriens et les Guatémaltèques).

Les Chiliens

Avant 1973, il y avait très peu d'immigrants chiliens au Québec. Mais, le 11 septembre 1973, un coup d'État, déclenché par le général Pinochet, renverse le gouvernement de Salvador Allende. Assassinats, torture, prisonniers politiques, atteintes aux libertés civiles se multiplieront au cours des années qui suivront le coup d'État. C'est donc à partir de 1973, et surtout entre 1974 et 1978, qu'une bonne partie des émigrants chiliens arrivent au Québec : 42 % de l'immigration chilienne s'y installe entre 1971 et 1980.

Les immigrants chiliens sont essentiellement des réfugiés d'origine urbaine et sont très scolarisés.

> À partir de septembre 1973, plus d'un million de Chiliens ont émigré pour des raisons politiques et économiques. Des hommes et des femmes de tous les horizons sociaux (travailleurs, paysans, techniciens, étudiants...) ont cherché asile partout dans le monde. De l'Argentine au Costa Rica, du Panama au Canada, des pays scandinaves au Mozambique en Afrique, ces individus ont dû accepter de vivre dans une réalité souvent totalement différente de celle qu'ils avaient connue au Chili[32].

---

[32] Jaime Llambias-Wolf, *Notre exil pour parler : les Chiliens au Québec*, Montréal, Fidès, coll. Rencontre des cultures, 1988.

Après 1978 et jusqu'en 1985, peu de Chiliens s'installeront au Québec et ils seront surtout admis à titre d'«indépendants» et dans le cadre de la réunification familiale. Une majorité de «réfugiés» a constitué l'essentiel de l'immigration chilienne de 1986 à 1991, contribuant à former 38% de la communauté chilienne installée au Québec.

ENCADRÉ 15

La communauté chilienne du Québec en 1991

Population selon l'origine ethnique	Données non disponibles
Population selon le pays de naissance	7 105
Connaissance du français et de l'anglais	
Français seulement	3 485
Français et anglais	2 845
Anglais seulement	265
Ni français ni anglais	505
Niveau de scolarité des 15 ans et plus	
Aucune scolarité	20
Primaire	435
Secondaire	2 315
Collégial	1 585
Universitaire	1 800
Principales professions de la population active occupée	
Services	985
Travailleurs spécialisés dans l'usinage	560
Employés de bureau	455
Professions technologiques et sociales	395
Directeurs, gérants et administrateurs	240
Principales religions	
Catholique	5 370
Aucune religion	1 125
Protestante	545
Régions de résidence au Québec	
Montréal	6 440
Québec	270
Sherbrooke	65
Hull	55
Municipalités de résidence dans la région de Montréal	
Montréal	3 530
Laval	410
Longueuil	330
Saint-Laurent	280
Verdun	215

Quartiers de résidence à Montréal	
Rosemont — Petite-Patrie	670
Côte-des-Neiges — Notre-Dame-de-Grâce	635
Plateau-Mont-Royal — Centre-Sud	575
Villeray — Saint-Michel — Parc-Extension	375
Mercier — Hochelaga-Maisonneuve	355

Source : Gouvernement du Québec, ministère des Affaires internationales, de l'Immigration et des Communautés culturelles et la Ville de Montréal, *Profils des communautés culturelles du Québec*, Direction des communications du ministère des Affaires internationales, de l'Immigration et des Communautés culturelles et Les Publications du Québec, 1995, p. 123-126.

Les Colombiens

La Colombie demeure un des pays les plus pauvres d'Amérique du Sud. La concentration de la propriété foncière, le processus d'urbanisation sauvage, la pénurie de logements et la prolifération des bidonvilles, le chômage, la violence, le brigandage et le trafic de drogues, tous ces facteurs combinés ont forcé, depuis plus de trente ans, une grande partie de la population à s'exiler pour chercher une vie meilleure :

> La croissance démographique de la ville et l'incapacité dans laquelle se trouve le secteur productif d'absorber le surplus de main-d'œuvre rurale et urbaine ont eu pour conséquence la montée du chômage et des sans-emploi (travailleurs à temps partiel, petits travaux collectifs, petites activités marchandes) : à la fin des années soixante-dix, on estimait à plus du tiers de la force de travail la population touchée par ces problèmes[33].

C'est entre 1973 et 1978 que près de la moitié des immigrants colombiens sont admis au Québec. Ces immigrants d'origine urbaine sont jeunes (la moitié d'entre eux ont entre 25 et 44 ans). Ce sont majoritairement des femmes (57,6 %). La plupart d'entre eux sont admis dans les catégories « indépendants » et « réunification familiale ». De plus, le programme « Mon pays » a permis la régularisation du statut de nombreux immigrants colombiens clandestins.

Durant la première moitié des années 80, l'immigration colombienne diminue considérablement : en effet, la portion des immigrants colombiens arrivés entre 1981 et 1985 ne forme que 13 % de la communauté colombienne du Québec. Depuis 1986, leur nombre a augmenté. En effet, 33 % de la communauté colombienne du Québec est constituée d'immigrants arrivés entre 1986 et 1991.

---

[33] Micheline Labelle, Geneviève Turcotte, Marianne Kempeneers et Deidre Meintel, *Histoires d'immigrées. Itinéraires d'ouvrières colombiennes, grecques, haïtiennes et portugaises de Montréal*, Montréal, Boréal Express, 1987, p. 78.

La communauté colombienne du Québec en 1991

Population selon l'origine ethnique	Données non disponibles
Population selon le pays de naissance	2 855
Connaissance du français et de l'anglais	
Français seulement	1 090
Français et anglais	1 255
Anglais seulement	125
Ni français ni anglais	385
Niveau de scolarité des 15 ans et plus	
Aucune scolarité	65
Primaire	370
Secondaire	740
Collégial	615
Universitaire	710
Principales professions de la population active occupée	
Services	355
Employés de bureau	235
Travailleurs spécialisés dans l'usinage	230
Professions technologiques et sociales	105
Directeurs, gérants et administrateurs	95
Principales religions	
Catholique	2 465
Aucune religion	245
Protestante	135
Régions de résidence au Québec	
Montréal	2 520
Québec	65
Hull	55
Municipalités de résidence dans la région de Montréal	
Montréal	1 390
Dollard-des-Ormeaux	150
Brossard	140
Laval	110
Saint-Léonard	110
Quartiers de résidence à Montréal	
Villeray — Saint-Michel — Parc-Extension	445
Plateau-Mont-Royal — Centre-Sud	230
Rosemont — Petite-Patrie	190
Côte-des-Neiges — Notre-Dame-de-Grâce	180
Ahuntsic — Cartierville	120

Source: Gouvernement du Québec, ministère des Affaires internationales, de l'Immigration et des Communautés culturelles et la Ville de Montréal, *Profils des communautés culturelles du Québec*, Direction des communications du ministère des Affaires internationales, de l'Immigration et des Communautés culturelles et Les Publications du Québec, 1995, p. 143-146.

C'est à partir du début des années 70, et plus précisément entre 1973 et 1980, que les premiers Salvadoriens viennent s'installer au Québec. Les immigrants de cette première vague (9 % de l'immigration salvadorienne au Québec) sont jeunes, plus ou moins scolarisés et admis essentiellement à titre d'«indépendants» et dans le cadre de la réunification familiale.

Mais c'est surtout depuis 1981, alors que sévit au Salvador une guerre civile sanglante et que les droits humains sont bafoués, qu'un grand nombre de réfugiés sont admis au Québec dans le cadre de programmes spéciaux d'accueil. Cette vague d'immigration s'est intensifiée de 1986 à 1991, les Salvadoriens étant admis principalement comme «réfugiés».

Le Salvador fait partie des vingt principaux pays de naissance de la population immigrée du Québec, où elle forme 1,4 % de l'ensemble des immigrants admis au Québec[34].

ENCADRÉ 17

La communauté salvadorienne du Québec en 1991

Population selon l'origine ethnique	Données non disponibles
Population selon le pays de naissance	9 385
Connaissance du français et de l'anglais	
Français seulement	4 010
Français et anglais	3 110
Anglais seulement	850
Ni français ni anglais	1 415
Niveau de scolarité des 15 ans et plus	
Aucune scolarité	205
Primaire	1 745
Secondaire	3 240
Collégial	1 310
Universitaire	1 350
Principales professions de la population active occupée	
Travailleurs spécialisés dans l'usinage	1 175
Services	740
Employés de bureau	395
Autres	265
Travailleurs des industries de transformation	210

---

[34] Gouvernement du Québec, *Population immigrée recensée au Québec en 1991 : caractéristiques générales*, Direction des communications du ministère des Communautés culturelles et de l'immigration, octobre 1993, p. 29.

Principales religions	
Catholique	6 630
Protestante	1 890
Aucune religion	830
Régions de résidence au Québec	
Montréal	8 445
Québec	485
Hull	195
Sherbrooke	125
Municipalités de résidence dans la région de Montréal	
Montréal	6 095
Saint-Léonard	540
Montréal-Nord	340
LaSalle	325
Saint-Laurent	320
Laval	285
Quartiers de résidence à Montréal	
Villeray — Saint-Michel — Parc-Extension	2 100
Côte-des-Neiges — Notre-Dame-de-Grâce	970
Ahuntsic — Cartierville	895
Rosemont — Petite-Patrie	840
Mercier — Hochelaga-Maisonneuve	335
Plateau-Mont-Royal — Centre-Sud	330
Rivière-des-Prairies — Pointe-aux-Trembles	320

Source : Gouvernement du Québec, ministère des Affaires internationales, de l'Immigration et des Communautés culturelles et la Ville de Montréal, *Profils des communautés culturelles du Québec*, Direction des communications du ministère des Affaires internationales, de l'Immigration et des Communautés culturelles et Les Publications du Québec, 1995, p. 517-520.

Les Guatémaltèques

L'immigration guatémaltèque a commencé au début des années 70, mais c'est principalement dans les années 80, surtout à partir de 1984, que s'est intensifié ce mouvement d'immigration d'Amérique centrale. En effet, entre 1981 et 1985, près du tiers des ressortissants guatémaltèques (30 %) ont été admis au Québec, surtout dans les catégories «indépendants» et «réfugiés». En 1986, la situation de nombreux requérants a été régularisée dans le cadre d'un programme de révision administrative.

Les immigrants guatémaltèques sont jeunes (47 % ont entre 25 et 44 ans), principalement d'origine urbaine et peu ou moyennement scolarisés.

Les immigrants guatémaltèques continuent de venir s'installer au Québec. Entre 1986 et 1991, 1 775 Guatémaltèques ont été admis au Québec et ils constituent 57 % de cette communauté.

La communauté guatémaltèque du Québec en 1991

Population selon l'origine ethnique	Données non disponibles
Population selon le pays de naissance	3 590
Connaissance du français et de l'anglais	
Français seulement	1 590
Français et anglais	1 245
Anglais seulement	305
Ni français ni anglais	455
Niveau de scolarité des 15 ans et plus	
Aucune scolarité	50
Primaire	715
Secondaire	1 060
Collégial	435
Universitaire	485
Principales professions de la population active occupée	
Travailleurs spécialisés dans l'usinage	400
Services	280
Employés de bureau	190
Travailleurs des industries de transformation	125
Principales religions	
Catholique	2 215
Protestante	1 030
Aucune religion	305
Régions de résidence au Québec	
Montréal	3 340
Hull	45
Québec	25
Sherbrooke	25
Municipalités de résidence dans la région de Montréal	
Montréal	2 330
Montréal-Nord	225
Saint-Léonard	150
Laval	85
Saint-Laurent	75
Quartiers de résidence à Montréal	
Villeray — Saint-Michel — Parc-Extension	750
Rosemont — Petite-Patrie	530
Ahuntsic — Cartierville	345
Côte-des-Neiges — Notre-Dame-de-Grâce	325
Plateau-Mont-Royal — Centre-Sud	280

Source: Gouvernement du Québec, ministère des Affaires internationales, de l'Immigration et des Communautés culturelles et la Ville de Montréal, *Profils des communautés culturelles du Québec*, Direction des communications du ministère des Affaires internationales, de l'Immigration et des Communautés culturelles et Les Publications du Québec, 1995, p. 235-238.

*
* *

Toutes ces données sur les différentes communautés qui se sont installées au Québec nous donnent un aperçu de la diversification ethnique qui s'est produite au cours du XIXᵉ siècle et, surtout, du XXᵉ siècle.

Le tableau 11 donne une idée de la répartition de la population du Québec, selon l'origine ethnique, entre 1901 et 1991. Il montre que le nombre de Canadiens d'origine britannique a baissé de façon importante, passant de 17,6 % en 1901 à 4,2 % en 1991. Par contre, la catégorie « autres » n'a cessé d'augmenter depuis le début du siècle (2,2 % à 11,8 %).

 TABLEAU 11

Origine ethnique de la population québécoise (1901-1991)

Année	Population totale	Origine ethnique (%)				
		Française	Britannique	Autochtone	Origines multiples	Autres
1901	1 648 898	80,2	17,6	—	—	2,2
1931	2 874 662	79,0	15,0	—	—	6,0
1961	5 259 211	80,6	10,5	—	—	8,6
1971	6 027 764	79,0	10,6	—	—	10,4
1981	6 369 070	80,2	7,7	—	—	10,2
1986	6 528 000	77,7	5,9	0,8	5,9	9,7
1991	6 810 300	74,6	4,2	1,0	8,4	11,8

Sources : Hubert Charbonneau et Robert Maheux, *Les aspects démographiques de la question linguistique*, Éditeur officiel du Québec, Annuaire 1977-1978, cité dans *Forces*, nº 73, hiver 1986, p. 12.
Gouvernement du Québec, ministère des Communautés culturelles et de l'Immigration, *Au Québec pour bâtir ensemble. Énoncé de politique en matière d'immigration et d'intégration*, 1990, p. 3.
Gérald Leblanc, « Montréal entraîne le Québec dans une lente diversification », *La Presse*, 24 février 1993, p. B1.

2.2 LES ENJEUX DE L'IMMIGRATION

Depuis toujours, des personnes en quête de nourriture, de sécurité ou simplement d'un avenir meilleur se déplacent d'un pays à l'autre, d'une région à l'autre, d'une ville à l'autre. Les mouvements de population font partie de l'histoire de l'humanité, et leur dynamique est souvent complexe. Pour les comprendre, il faut non seulement en connaître les motifs, mais aussi les structures mises en place par les sociétés pour orienter, freiner ou accroître ces multiples déplacements.

Des millions d'enfants, de femmes et d'hommes fuient leur pays à cause de crises économiques aiguës ou de problèmes de sécurité. Ajoutons à cela la sécheresse entraînant la famine, les guerres civiles, les tensions sociales, le chômage. En effet, «(...) si plusieurs sont victimes de catastrophes naturelles, beaucoup sont des réfugiés de la peur, de la persécution, de l'intolérance, de la pauvreté, des rivalités raciales et ethniques, de la guerre et de la guerre civile : en somme de la violation des droits humains fondamentaux[35]. »

L'émigration et l'immigration, le problème des réfugiés : ces faits marquants de notre monde contemporain sont mal connus et souvent mal interprétés. Pourquoi part-on ? Que recherche-t-on ? Pourquoi aller ailleurs ?

Évidemment, certains peuvent partir comme on part à l'aventure, pour voir du pays, à la conquête de nouveaux horizons. Dans la plupart des cas, cependant, les personnes quittent leur pays, le lieu de vie où ils sont connus et reconnus socialement, leurs souvenirs, parce qu'ils espèrent trouver un mieux-être ailleurs...

La décision de partir peut être de nature économique : par exemple, l'absence d'emploi ou de possibilités de promotion peut conduire une personne à vouloir émigrer. De même, l'oppression d'un groupe ou d'une communauté, ou un milieu trop fermé qui freine l'épanouissement personnel peuvent l'inciter à vouloir partir. L'espoir d'un changement, l'attrait d'un monde meilleur, une vie décente, un besoin de dignité, une volonté de survie, tout cela incite à partir. Trop souvent, malheureusement, les immigrants se heurtent à la réalité de cet ailleurs :

> Hélas, cet ailleurs est rarement à la hauteur des espoirs placés en lui : les pays d'accueil ont leurs exigences, leurs problèmes ; en temps de crise, les populations entrent en concurrence, s'affrontent ; les mouvements de refus, de xénophobie, de racisme se nourrissent de griefs, vrais ou faux[36].

Ce déracinement peut donc être provoqué par la nécessité, mais aussi par la contrainte. Par exemple, on peut être forcé de partir pour sauver sa vie : que l'on pense aux centaines de milliers de Salvadoriens qui, en 1980, ont été obligés de fuir les massacres du gouvernement, ou au million de

---

[35] « Le Canada et les réfugiés : une question de justice », *Bulletin de la Ligue des droits et libertés*, vol. IV, n° 6 et vol. V, n° 1, 1986, p. 4.

[36] André Jacques, *Les déracinés. Réfugiés et migrants dans le monde*, Paris, Éditions La Découverte, 1985, p. 9.

Laotiens, Vietnamiens et Cambodgiens qui, en 1975, ont été exilés dans le monde entier.

Même si la Déclaration des droits de l'homme reconnaît à toute personne «le droit de circuler librement et de choisir sa résidence à l'intérieur d'un État», il n'en reste pas moins que, dans les faits, le droit à l'immigration est perçu dans tous les pays comme un privilège. Au-delà du mythe du «pays qui accueille des immigrants par grandeur d'âme», il faut reconnaître les avantages et l'enrichissement qu'en retire ce pays. Il y a en effet des avantages certains à faire appel à l'immigration, et ce sur divers plans : démographique, économique, culturel et politique. Nous allons examiner chacune de ces quatre dimensions dans les sections qui suivent.

■ LA DIMENSION DÉMOGRAPHIQUE

Pendant longtemps, l'Amérique du Nord a favorisé une immigration de peuplement, visant un accroissement rapide de sa population. Le Québec n'a pas échappé à cette politique et, entre 1946 et 1971, 20% de son accroissement démographique a été attribuable à l'immigration. Cependant, le Québec fait maintenant face à deux problèmes en ce qui a trait à l'accroissement de sa population : sa faible natalité et sa faible capacité de rétention des immigrants.

UNE FAIBLE NATALITÉ

Le Québec vit, depuis quelques décennies, une crise démographique importante : non seulement la société québécoise vieillit, mais elle est de plus en plus menacée de décroissance, voire même de «mort» au tournant du siècle.

La fécondité est au cœur même de la crise démographique qui sévit au Québec. Après avoir détenu au XIXe siècle un des taux de fécondité les plus élevés au monde, à tel point que l'on a pu parler de «revanche des berceaux», le Québec détient maintenant un autre record parmi les pays industrialisés : celui de la dénatalité. Il faut en effet 2,1 enfants par femme pour assurer le renouvellement des générations. Or, au Québec, le taux de fécondité est passé de 4 enfants par femme en 1950 à 1,4 en 1986. Même s'il y a eu une légère remontée depuis (en 1992, l'indice de fécondité était de 1,6), il est encore en deçà du seuil de remplacement des générations. La particularité du Québec réside dans le fait qu'il est un État francophone très peu peuplé, à la démographie stagnante et même décroissante, sur un continent anglophone moins touché par la dénatalité.

L'immigration internationale apparaît dans cette perspective comme une solution envisageable, mais insuffisante si l'on considère qu'au cours des vingt dernières années le Québec a accueilli en moyenne 20 000 immigrants par année et que l'indice de fécondité a oscillé entre 1,3 et 1,8.

Dans son *Énoncé de politique en matière d'immigration et d'inté-gration*[37], document paru en décembre 1990, le gouvernement du Québec entend mettre de l'avant des mesures complémentaires de politique familiale favorisant la natalité et des hausses graduelles de l'immigration. Si le Québec parvenait à faire passer son indice de fécondité à 1,8 enfant par femme et à accueillir 55 000 immigrants par année, il s'assurerait une vitalité démo-graphique au cours du prochain siècle.

La figure 5 donne une projection de l'évolution de la population québé-coise jusqu'en l'an 2026, qui combine le volume d'immigration avec l'indice

❖ ◆◆ | FIGURE 5 |

Évolution de la population québécoise selon les indices de fécondité 1,4 et 1,8 et selon les volumes d'immigration 26 000 et 55 000

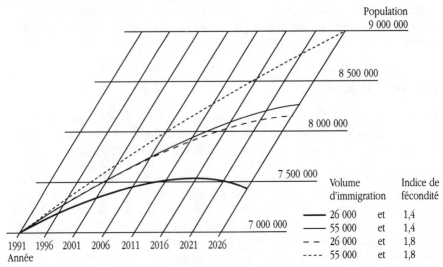

Source: Gouvernement du Québec, ministère des Communautés culturelles et de l'Immigration, *Au Québec pour bâtir ensemble. Énoncé de politique en matière d'immigration et d'intégration*, déc. 1990, p. 10.

---

[37] Gouvernement du Québec, ministère des Communautés culturelles et de l'Immigration, *Au Québec pour bâtir ensemble. Énoncé de politique en matière d'immigration et d'intégration*, déc. 1990.

de fécondité. Elle montre très bien que, avec un volume d'immigration de 26 000 personnes par année et un indice de fécondité de 1,4, la population du Québec commencera à diminuer vers l'an 2016. Si on réussissait à augmenter l'indice de fécondité à 1,8 tout en maintenant un volume de 26 000 nouveaux immigrants par année, la population du Québec augmenterait légèrement.

UNE FAIBLE CAPACITÉ DE RÉTENTION

Le deuxième problème auquel le Québec fait face sur le plan démographique est sa grande difficulté à retenir ses immigrants internationaux : non seulement il n'attire pas sa part d'immigrants canadiens (en 1992, l'immigration québécoise ne représente que 21,0 % de l'immigration canadienne, alors que la population québécoise compte pour 25 % de la population canadienne), mais il ne réussit pas non plus à garder les immigrants admis sur son territoire. Par exemple : «Entre 1946 et 1981, le Québec n'a conservé qu'environ 525 000 des 925 000 immigrants qu'il a accueillis[38].»

Par contre, Paul Cauchon, du journal *Le Devoir*, fait observer : «Lors du recensement de 1986, on a interrogé les nouveaux arrivants depuis les quatre années précédentes et on a pu mesurer que le taux de présence s'élevait à 77 %, c'est-à-dire que plus des trois quarts des immigrants demeuraient effectivement au Québec après quatre ans[39].»

Souvent, le Québec a servi de terre de transit plutôt que de pays d'établissement. De plus, le Québec a très souvent été déficitaire dans ses échanges migratoires avec les autres provinces canadiennes. Le solde migratoire interprovincial[40] est toujours négatif pour le Québec : par exemple, en 1994, il était de -16 262 personnes (tableau 12, p. 112).

Il faut souligner ici que la situation semble se redresser depuis 1984 : le solde migratoire net[41], qui était négatif au début des années 80, est devenu positif depuis 1985 et, en 1993, il était de 30 799 personnes. Par contre, en 1994, il n'était que de 4 732 personnes.

---

[38] Gouvernement du Québec, ministère des Communautés culturelles et de l'Immigration, *L'immigration au Québec*, 1984, p. 46.

[39] Paul Cauchon, «Immigration record en 91 au Québec», *Le Devoir*, 30 juin 1992.

[40] Le solde migratoire interprovincial résulte de la somme des mouvements migratoires entre le Québec et les autres provinces du Canada (entrées et sorties).

[41] Le solde migratoire net résulte de la somme des mouvements migratoires entre, d'une part, le Québec et les autres provinces (entrées, sorties et solde interprovincial) et, d'autre part, entre le Québec et les pays étrangers (immigration, émigration et solde migratoire international) (Gouvernement du Québec, ministère des Communautés culturelles et de l'Immigration, Direction des études et de la recherche, *Présentation graphique sur l'immigration et la population immigrée au Québec*, 1992, 102 p.).

| TABLEAU 12 | | | | | | | |

La démographie récente du Québec (1983-1994)

Année	Migrations internationales			Migrations interprovinciales			Solde net total
	Immigration	Émigration	Solde	Entrées	Sorties	Solde	
1983	16 374	8 200	8 174	22 348	41 428	-19 080	-10 906
1984	14 641	7 500	7 141	25 230	36 173	-10 943	-3 802
1985	14 884	6 400	8 484	25 426	31 449	-6 023	2 461
1986	19 459	6 500	12 959	26 012	29 032	-3 020	9 939
1987	26 822	5 200	21 622	26 039	33 449	-7 410	14 212
1988	25 789	4 400	21 389	27 839	34 842	-7 003	14 386
1989	34 171	4 785	29 386	29 454	37 833	-8 379	21 007
1990	40 842	4 880	35 962	26 864	36 431	-9 567	26 395
1991	51 707	5 902	45 805	26 893	38 583	-11 690	34 115
1992	48 377	6 640	41 737	25 430	34 931	-9 501	32 236
1993	44 385	5 991	38 394	26 991	34 586	-7 595	30 799
1994	27 102	6 108	20 994	28 172	44 434	-16 262	4 732

Sources : Gouvernement du Québec, ministère des Communautés culturelles et de l'Immigration, *Le Québec en mouvement. Statistiques sur l'immigration*, 1993, n. p.

Gouvernement du Québec, ministère des Affaires internationales, des Communautés culturelles et de l'Immigration, *Le Québec en mouvement. Statistiques sur l'immigration*, 1995, n. p.

■ LA DIMENSION ÉCONOMIQUE

L'immigration influe positivement sur l'ensemble des variables et des relations du système économique :

> (...) nous constatons que l'immigration accroît l'efficacité économique dans la collectivité d'accueil(...) Bien que positifs, les effets sont très minimes s'ils sont exprimés en dollars par Canadien par million d'immigrants. Ils sont néanmoins assez appréciables si l'on y voit un capital dont chaque famille immigrante ferait « don » au reste de la population grâce à sa présence en territoire canadien[42].

Quels sont donc les avantages de l'immigration pour l'économie québécoise ? Énumérons-en quelques-uns.

---

[42] Neil Swan, *Incidence économique et sociale de l'immigration*, Conseil économique du Canada, Ottawa, 1991, p. 37.

L'épargne réalisée en matière d'éducation et de formation de la main-d'œuvre immigrante

Sur le plan de l'éducation, le Québec profite de l'arrivée d'immigrants en âge de travailler, car il n'a pas payé leurs années de scolarité obligatoires. Il profite encore plus de la venue d'immigrants hautement qualifiés, ce qui, dans leur pays d'origine, se traduit au contraire par un «exode des cerveaux». «Ainsi, par exemple, pour les immigrants admis entre 1967 et 1973, le Québec a épargné environ 1 million d'années de scolarité, soit plus de 1 milliard de dollars[43]. »

Un apport d'argent

Les immigrants disposent très souvent d'un capital lors de leur arrivée. De plus, ils font rapidement usage des biens de consommation, contribuent à l'élargissement des marchés et paient des taxes et des impôts. Depuis quelques années, on parle aussi beaucoup des immigrants investisseurs, pour lesquels les gouvernements canadien et québécois «déroulent le tapis rouge». Selon une enquête commandée par le Conseil des communautés culturelles et de l'immigration du Québec, «les 1017 immigrants investisseurs reçus au Québec au cours des années 1983 et 1984 auraient (...) plus de 300 millions de dollars et contribué ainsi à la création ou au maintien de 34 390 emplois[44]».

Une augmentation de la production

Outre le personnel hautement qualifié, le Québec a attiré une catégorie de travailleurs immigrants dont la qualification professionnelle était relativement basse. Ces derniers ont souvent occupé les emplois vacants, laissés pour compte, surtout dans les secteurs mous de l'industrie. Pour les employeurs, cela représentait non seulement la possibilité de résoudre les problèmes de pénurie de main-d'œuvre et de combler les postes vacants, là où ils se trouvaient (les immigrants étant plus mobiles géographiquement), mais aussi la possibilité de combler des emplois moins rémunérés en période d'emploi élevé.

---

[43] Micheline Labelle, Danielle Lemay et Claude Painchaud, *Notes sur l'histoire et les conditions de vie des travailleurs immigrés au Québec*, Montréal, Éditions Carrefour international, 1980, p. 34.

[44] H. Égretaud, M. Guénard et L. Laferrière, «Pour une immigration créatrice d'emplois», *Avenir*, cahier spécial, 1992, p. 15.

C'est ainsi que les travailleurs immigrés (...) représentent près de 65 % de la main-d'œuvre du secteur montréalais de bonneterie (...) Cette offre de main-d'œuvre provenant de l'immigration a sans doute permis aux secteurs tradition-nels à faible productivité et à bas salaire de maintenir un certain degré de compétitivité[45].

On a aussi calculé que les immigrants ont contribué à hausser le revenu national du Québec par habitant : «De fait, l'immigration internationale aurait ajouté près de 530 $ au revenu par tête en 1983, c'est-à-dire plus de 1700 $ par famille[46]. »

■ LA DIMENSION CULTURELLE

L'immigration d'après-guerre, surtout représentée par les pays occidentaux, et l'immigration plus récente, caractérisée par l'importance croissante des pays du Tiers Monde, ont favorisé une ouverture du Québec sur le monde, des contacts plus étroits entre des gens issus de diverses cultures, et constituent, somme toute, un enrichissement pour la culture québécoise.

C'est dans le quotidien que nous retrouvons surtout les contributions que les immigrants apportent à la vie culturelle du Québec : dans le travail et dans la façon de concevoir le travail, dans l'éducation, dans les loisirs, dans la vie religieuse.

Il suffit de regarder autour de nous pour s'apercevoir de la présence de plus en plus marquante des immigrants dans la littérature, les arts plastiques, la musique, l'architecture, le design...

Que l'on pense aux Ludmilla Chiriaeff, Maryvonne Kendergi, Édouard Lock dans le domaine de la danse et de la musique ; à Marco Micone pour le théâtre ; à Jean-Pierre Girerd pour la caricature ; à Alain Stanké dans le domaine de l'édition ; ou à Otto Kuchel dans le domaine de la santé — tous ces gens et bien d'autres ont transporté et implanté au Québec leur forma-tion scolaire, leur talent, leur créativité, leur travail... pour le mieux-être collectif des Québécois et des Québécoises.

---

45 Gouvernement du Québec, ministère des Communautés culturelles et de l'Immigration, *L'immigration au Québec*, 1984, p. 52.
46 Daniel Larouche, «Les communautés ethniques : une contribution significative à la vie économique», *Forces*, n° 73, hiver 1986, p. 19.

■ LA DIMENSION POLITIQUE

Depuis plusieurs années, et surtout depuis le début des années 60, le Québec effectue des échanges commerciaux avec plusieurs pays, dont les pays du Tiers Monde. Il exporte entre autres des matières premières et des techniques.

L'ouverture d'un pays à l'immigration et l'accueil d'immigrants venant de différents pays vont souvent de pair avec les relations économiques et politiques que ce pays entretient avec ces derniers : en effet, la politique d'immigration fait partie de l'établissement de bonnes relations politiques entre les pays.

En ce sens, l'abolition, au début des années 60, de mesures discriminatoires contenues dans les lois canadiennes ainsi que le contrepoids des échanges culturels entre le Canada et les pays asiatiques et les Caraïbes ont favorisé la diversification ethnique du pays.

2.3 La politique d'immigration

■ HISTOIRE DES LOIS SUR L'IMMIGRATION AU CANADA ET AU QUÉBEC

Il importe d'abord de rappeler ici quelques faits de l'histoire de l'immigration canadienne au XIXe et au XXe siècle, non seulement pour énumérer et expliquer les différents mécanismes de contrôle instaurés par le gouvernement canadien, mais aussi pour montrer que l'immigration est intimement liée à l'histoire des institutions politiques, économiques et culturelles des Canadiens et des Québécois.

À chaque période de l'histoire de l'immigration canadienne correspondent des lois et des règlements, des mécanismes de sélection et des niveaux d'immigration. Jusqu'en 1968 — élément important de cette histoire des lois sur l'immigration —, le Québec n'avait aucun pouvoir sur son immigration : les immigrants étaient massivement européens et se rangeaient rapidement du côté de la communauté anglophone[47]. Par la suite, au cours des années 70 et 80, le Québec se dotera progressivement d'instruments en ce qui concerne la sélection, le volume et l'intégration des immigrants.

---

[47] Le principal canal d'anglicisation des immigrants était l'école publique primaire et secondaire. Rappelons ici que les écoles françaises (catholiques) étaient à ce moment fermées aux enfants des immigrants, alors que les écoles anglaises (protestantes et catholiques) accueillaient déjà les enfants d'immigrants non catholiques.

De 1869 à 1914

La première loi fédérale sur l'immigration a été promulguée peu de temps après la Confédération, en 1869. Elle prévoit un partage fédéral et provincial des responsabilités en matière d'immigration. L'*Immigration Act* définit l'immigrant comme une personne qui n'est «ni invalide, infirme, malade ou criminelle»; donc, des gens en santé et intègres... En 1910, on ajoute la précision suivante: «Quiconque préconise le renversement du gouvernement canadien ou britannique ne pourra être accepté au Canada.» Cette loi permettait donc au Canada de ne pas accepter de militants syndicaux ou politiques.

Pendant la période 1869-1914, le Canada a vu arriver le plus grand nombre d'immigrants de toute son histoire: en 1913, par exemple, 400 870 immigrants sont admis au pays. Ce sont surtout des cultivateurs, des ouvriers agricoles et des domestiques en provenance des îles Britanniques, des États-Unis et de l'Europe de l'Ouest.

Cette période de l'histoire canadienne de l'immigration est caractérisée par une série de mesures discriminatoires à l'endroit des membres des minorités visibles. Mentionnons quelques exemples: tout d'abord le *Chinese Immigration Act*, voté en 1923, qui interdisait l'entrée des Chinois au Canada. Il faisait suite à une mesure semblable concernant les Indiens, en 1908. Cette loi de 1908 exigeait aussi des immigrants venant de l'Inde qu'ils aient au moins 200 $ en poche et surtout qu'ils viennent au Canada directement, sans escale. Cette dernière exigence était fortement discriminatoire puisqu'il n'y avait, à l'époque, aucun moyen de transport direct entre l'Inde et le Canada. Jocelyn Berthelot relate aussi comment, à partir de 1911, les Noirs «furent refoulés aux frontières sous prétexte qu'ils étaient biologiquement incapables de s'adapter aux durs hivers canadiens. Il est distrayant de constater (...) que la publicité distribuée alors aux États-Unis par le gouvernement canadien insistait sur le climat tempéré prévalant en hiver, sur son territoire[48].»

De 1914 à 1929

Après la Première Guerre mondiale, le gouvernement élabore une vigoureuse politique d'immigration afin de continuer la colonisation de l'Ouest du pays et de recruter des travailleurs spécialisés et non spécialisés dans les industries canadiennes. Les gouvernements canadien et britannique signeront une entente en 1923, l'*Empire Settlement Act*, et déposeront chacun 600 000 $

---

[48] Jocelyn Berthelot, *Apprendre à vivre ensemble*, Montréal, Centrale de l'enseignement du Québec, 1990, p. 14.

pour aider les immigrants à payer leur établissement au pays et leur transport. À partir de cette date, tous les immigrants devront posséder un passeport pour entrer au Canada (sauf les Américains et les Britanniques).

En 1927, une loi définit plus précisément la notion de sécurité nationale : sont indésirables les espions, les conspirateurs et toute personne opposée au gouvernement (cela pour contrer l'arrivée d'ennemis de la nation, par exemple les Allemands, les radicaux russes et ukrainiens). C'est aussi pendant cette période que des compagnies industrielles signeront des accords avec le gouvernement canadien concernant la venue d'immigrants. Par exemple, «en 1925, la *Canadian Pacific Railway* et d'autres compagnies de chemin de fer signent un accord avec le ministère de l'Immigration et de la Colonisation leur réservant l'exclusivité du recrutement des cultivateurs, des travailleurs agricoles et des domestiques pour l'Europe de l'Est. Les compagnies disent avoir amené plus de 165 000 immigrants grâce à cet accord[49]».

De 1929 à 1945

La grande récession des années 30 entraîne de graves restrictions à l'immigration. À partir de 1931, seuls les Britanniques et les Américains ont le droit d'immigrer au Canada, après une sélection sévère. De plus, les immigrants déjà admis deviennent l'objet d'une chasse aux sorcières : par exemple, après l'attaque de Pearl Harbour, en 1942, plus de 22 000 Japonais et Canadiens d'origine japonaise seront internés, pendant cinq ans, dans des camps militaires et verront leurs biens confisqués par l'État. Ce n'est qu'en 1988 que le gouvernement canadien présentera des excuses aux Canadiens d'origine japonaise et versera une compensation financière aux familles éprouvées.

De 1945 à 1957

En 1950, le Département de la citoyenneté et de l'immigration est créé. C'est une période de prospérité économique et on fait face à une grave pénurie de main-d'œuvre.

L'immigration devient dans ce contexte un instrument de développement économique et démographique très important. On la libéralise, mais pas à n'importe quel prix. En 1952, une loi définit clairement le type d'immigrants que le gouvernement acceptera désormais : *White if possible*, et Britanniques. Cette loi est pleine de restrictions quant à l'entrée d'immigrants noirs et

---

[49] Micheline Labelle, Danielle Lemay et Claude Painchaud, *Notes sur l'histoire et les conditions de vie des travailleurs immigrés au Québec*, Montréal, Éditions Carrefour international, 1980, p. 20.

asiatiques. Elle rend cependant plus facile la réunification des familles : tout résident permanent peut «parrainer» un parent, c'est-à-dire prendre en charge certaines catégories de parents admissibles.

La discrimination dont fait preuve cette loi est manifeste : l'article 61, par exemple, permet au ministre d'exclure n'importe quelle personne ou n'importe quel groupe ethnique qu'il jugerait incapable de s'assimiler.

Cette loi vise aussi à combler les besoins du Canada en main-d'œuvre non qualifiée, laquelle viendra surtout d'Europe du Sud (Grèce, Italie, Espagne). À cette époque, on estimait qu'un seul immigrant pouvait parrainer jusqu'à quarante-neuf parents. On faisait donc d'une pierre deux coups : d'une part on comblait la pénurie de main-d'œuvre non qualifiée sans que le gouvernement ait à en assumer les coûts de prise en charge, et d'autre part on faisait en sorte que la composition ethnique de la population soit à prédominance blanche. Pendant cette période, le gouvernement canadien acceptera aussi des travailleurs hautement spécialisés du Ceylan (maintenant le Sri Lanka), du Pakistan et des Indes.

De 1957 à 1963

À la fin des années 50, le Canada se trouve en pleine récession économique. Il a besoin de main-d'œuvre qualifiée et veut restreindre l'immigration de travailleurs non qualifiés, recrutés entre autres par le parrainage. On introduit alors dans la grille de sélection la notion de qualification professionnelle. De plus, en 1962, le gouvernement canadien abolit certaines mesures discriminatoires contenues dans la loi de 1952 : cela à cause des nouvelles relations commerciales que le Canada établit avec l'Asie et les Antilles britanniques, et à cause du rôle de plus en plus important qu'il joue sur la scène internationale.

De 1963 à 1970

À partir de 1963, le Canada entre dans une période d'expansion économique qui durera jusqu'en 1970. En 1968, on crée le ministère de l'Emploi et de l'Immigration. La même année, le Canada met en place une grille de sélection pour l'admission des immigrants. Celle-ci se veut «objective», non entachée de discrimination : elle introduit le système de points encore en vigueur aujourd'hui. Ce sont maintenant des critères d'éducation et de profession qui favorisent l'entrée des immigrants au Canada : on ouvre la porte à des gens instruits et qualifiés, et à une plus grande diversification de l'immigration. En effet :

> En 1968, les Européens continuent à être les plus nombreux parmi les nouveaux arrivés, mais plus pour très longtemps. Ils viennent d'ailleurs, désormais

de toutes les régions de l'Europe (...). On note deux moments importants au cours de cette période : 1957, avec 280 000 entrées (dont 37 000 réfugiés hongrois) et 1967, avec 220 000 entrées (en cette année de l'Expo, beaucoup se prévalent du mécanisme de demande sur place, et de la libéralisation de la loi)[50].

De 1970 à 1990

À partir de 1970, le Canada connaît une nouvelle période de récession économique : inflation, chômage, stagnation de la production... Dès 1972, le Canada met en place des mesures destinées à mieux contrôler l'entrée d'immigrants sur son territoire : limite du visa d'entrée à trois mois, visa d'emploi donnant le droit de travailler, obligation pour les visiteurs de retourner dans leur pays pour faire une demande de résidence, restriction du droit d'appel à la suite d'une ordonnance d'expulsion. La loi C-24, adoptée en avril 1978, resserre considérablement le contrôle économique, politique et administratif de l'immigration. En créant, par exemple, une catégorie de travailleurs temporaires et en établissant chaque année, de concert avec les provinces, les niveaux souhaitables d'immigration, cette loi fait en sorte que l'immigration soit au service des besoins de l'économie canadienne.

LA QUESTION DES RÉFUGIÉS

Au Canada, le nombre de réfugiés a toujours été relativement modeste, représentant de 10 à 14 % de l'immigration totale. Avant 1989, la loi garantissait le droit à tout voyageur arrivant aux frontières canadiennes de demander sur place le statut de réfugié. Une audition officielle de cette requête était alors entendue devant une commission et, tant que cette dernière n'avait pas été entendue, les requérants de ce statut pouvaient rester au Canada. De 1600 demandes de statut de réfugié en 1980, on est passé à 6100 en 1983, puis à 18 300 en 1986 ; cette augmentation des demandes et des crises successives qui ont touché les Portugais, les Tamouls et les Turcs[51] a amené le gouvernement du Canada à légiférer sur cette question (lois C-55 et C-84). Ces lois ont été promulguées le 1er janvier 1989. Elles poursuivent trois objectifs :

---

[50] Jean-Pierre Rogel, *Le défi de l'immigration*, Québec, Institut québécois de recherche sur la culture, 1989, p. 27.

[51] Durant l'année 1985, en l'espace de dix mois, près de 1600 Portugais se présentent aux frontières canadiennes et demandent le statut de réfugié, invoquant le fait qu'ils sont persécutés au Portugal car ils sont Témoins de Jéhovah. En août 1985, quelque 155 Tamouls entassés dans des canots sont repêchés dans les eaux de Terre-Neuve et demandent le statut de réfugiés. On apprit quelques jours plus tard que leur histoire avait été inventée de toutes pièces. Une troisième crise sema l'émoi dans tout le pays : quelques centaines de Turcs arrivés en 1987 furent expulsés en 1988, le Canada ne leur reconnaissant pas le statut de réfugiés.

1. dissuader les faux réfugiés (par la menace de fortes amendes et de peines de prison);

2. favoriser un examen rapide de la demande des revendicateurs de ce statut à leur arrivée au pays;

3. régler l'arriéré accumulé: 85 000 personnes au Canada, dont 40 000 au Québec.

L'application de ces lois a eu pour effet de diminuer sensiblement le nombre de personnes admises comme revendicateurs du statut de réfugié:

> En gros, on est passé de près de 30 000 cas par an en 1986-1988, à un nombre de 5000 ou 6000 cas de ce type en 1989. Les spécialistes pensent que ce niveau devrait être maintenu au moins quelques années. En somme, on est revenu au niveau d'avant les années 85-88 en ce qui concerne les revendicateurs[52].

La nouvelle loi C-86, entrée en vigueur le 1er février 1993, contient de nouvelles règles du jeu pour les candidats au statut de réfugié. Ces nouvelles mesures rendront de plus en plus difficile l'admission des demandeurs de ce statut. La loi C-86

> accorde plus de pouvoirs aux agents d'immigration aux différents postes de fouille et de saisie semblables à ceux des agents de douane. (...) Ils peuvent, en plus, photographier et prendre les empreintes digitales des demandeurs d'asile politique (...). Une autre clause de la loi C-86 prévoit que toute personne associée à une organisation dite « criminelle » ou terroriste est automatiquement refoulée, même si la personne elle-même n'a jamais été reconnue coupable d'acte criminel[53].

■ L'ACQUISITION PROGRESSIVE PAR LE QUÉBEC DE POUVOIRS EN MATIÈRE D'IMMIGRATION

DE LA CRÉATION DU MINISTÈRE DE L'IMMIGRATION AUX ENTENTES FÉDÉRALES-PROVINCIALES

De la création du ministère québécois de l'Immigration en 1968 aux différentes ententes entre Québec et Ottawa (de 1971 à 1991), en passant par la Charte de la langue française en 1977, le Québec s'est doté depuis les vingt dernières années d'instruments lui permettant de déterminer le volume, la sélection et l'intégration de ses immigrants. Voyons un peu comment le Québec a acquis progressivement la maîtrise de son immigration.

---

[52] Jean-Pierre Rogel, *Le défi de l'immigration*, Québec, Institut québécois de recherche sur la culture, 1989, p. 51.

[53] Pierre Vincent, *Immigration. Phénomène souhaitable et inévitable*, Québec/Amérique, Montréal, p.145.

En 1968, le Québec crée son propre ministère de l'Immigration, dont l'objectif est de répondre aux besoins spécifiques de la main-d'œuvre pendant la Révolution tranquille.

De plus, ce ministère se donne comme priorité de veiller à ce que les immigrants s'intègrent à la communauté francophone. En 1971, à la suite des accords Cloutier-Lang, des agents d'orientation du ministère québécois s'installent dans les ambassades canadiennes afin de recruter des immigrants francophones. En 1975, une deuxième entente fédérale-provinciale (Andras-Bienvenue) permet aux agents d'immigration québécois d'examiner et d'évaluer la pertinence des demandes des immigrants voulant s'établir au Québec.

Le 26 août 1977, la loi 101 rend prépondérant l'usage du français dans l'ensemble de la vie publique au Québec. Sur le plan scolaire, les enfants des immigrants ont dorénavant l'obligation de fréquenter les écoles de langue française jusqu'à l'âge de 16 ans. Des exceptions sont accordées à la minorité anglophone : les enfants qui, en 1977, étaient inscrits dans une école anglophone ou dont une sœur ou un frère aîné l'était, ou encore ceux dont le père ou la mère avait étudié au primaire en anglais au Québec ou hors du Québec, peuvent fréquenter l'école anglaise s'ils étaient domiciliés au Québec en 1977.

Ce n'est qu'en 1978, toutefois, que le Québec obtient, en vertu de l'entente Couture-Cullen, le pouvoir décisionnel de sélectionner les immigrants qui veulent s'établir sur son territoire. Cette entente reconnaît au Québec l'administration de sa propre grille de sélection, qui est, en fait, semblable à celle du Canada, sauf en ce qui concerne l'importance accordée à la connaissance du français (15 points) par rapport à la connaissance de l'anglais (2 points) : la grille canadienne accorde 5 points à la connaissance de l'une ou l'autre langue. En février 1991, une nouvelle entente fédérale-provinciale est signée, l'entente McDougall-Gagnon-Tremblay. Celle-ci confirme le pouvoir du Québec de sélectionner, d'accueillir et d'intégrer les immigrants indépendants qui viennent s'établir sur son territoire. Cet accord vise, entre autres, à préserver le poids démographique du Québec (environ 25 %) à l'intérieur du Canada et à assurer l'intégration des immigrants à la majorité francophone du Québec :

> Dans le cadre de cette entente administrative, le Québec pourra recevoir un nombre d'immigrants proportionnel à son poids démographique, plus 5 % pour des raisons démographiques. (...) Le Québec pourra exercer ses prérogatives, soit choisir 60 % des immigrants à travers sa propre grille de sélection d'une clientèle-cible[54].

---

[54] H. Égretaud, M. Guénard et L. Laferrière, «Pour une immigration créatrice d'emplois», *Avenir*, cahier spécial, 1992, p. 7.

Grâce à cette entente, le Québec récupère des sommes d'argent d'Ottawa afin d'accroître l'accessibilité et la qualité des services d'apprentissage de la langue française pour les nouveaux arrivants. Depuis 1969, l'apprentissage du français par les immigrants adultes se fait surtout dans les COFI (Centres d'orientation et de formation des immigrants). Le Québec devient ainsi le maître d'œuvre exclusif de l'intégration linguistique de ses immigrants.

L'ÉNONCÉ DE POLITIQUE EN MATIÈRE D'IMMIGRATION ET D'INTÉGRATION

En décembre 1990, le gouvernement du Québec et la ministre des Communautés culturelles et de l'Immigration, Mme Monique Gagnon-Tremblay, proposent un énoncé de politique en matière d'immigration et d'intégration dans lequel le Québec manifeste sa volonté d'associer l'immigration à quatre objectifs interdépendants :

1. Le redressement démographique

L'indice de fécondité n'a pas atteint plus de 1,6 enfant depuis 1974 et n'assure pas le remplacement des générations. Pour le Québec, le redressement démographique par l'immigration est un objectif important. En effet, le gouvernement du Québec entend retarder le déclin démographique et peut-être même l'éviter. Il veut aussi accroître le nombre de jeunes adultes afin de réduire les écarts dans la structure d'âge de la population québécoise. Enfin, il veut préserver le poids démographique du Québec à l'intérieur du Canada.

2. La prospérité économique

La présence de jeunes travailleurs et de gens d'affaires dynamiques parmi les immigrants constitue un atout majeur pour l'économie québécoise. Une sélection efficace des immigrants, une régionalisation de l'immigration, un soutien accru à l'intégration socioéconomique des travailleurs et des gens d'affaires, voilà autant d'éléments à mettre en place pour le gouvernement du Québec dans les prochaines années.

3. La pérennité du fait français

Seule collectivité majoritairement francophone d'Amérique du Nord, la société québécoise attache la plus haute importance à la pérennité de la langue française car, si le fait français ne résume pas à lui seul le caractère distinct du Québec moderne, il n'en demeure pas moins l'élément le plus significatif.

4. L'ouverture sur le monde

Les mouvements migratoires jouent un rôle important dans le dynamisme des sociétés d'accueil, de par le brassage des idées et des expériences qu'ils apportent. C'est pourquoi une ouverture sur le monde est absolument essentielle.

Le gouvernement québécois entend orienter ses actions de la façon suivante :

1. En matière d'immigration :

   • une sélection contribuant au développement d'une société francophone et d'une économie prospère dans le respect des valeurs québécoises de réunification familiale et de solidarité internationale ;

   • une hausse graduelle des niveaux d'immigration en fonction des besoins et de la capacité d'accueil du Québec.

2. En matière d'intégration :

   • le développement des services d'apprentissage du français et la promotion de son usage auprès des immigrants et des Québécois des communautés culturelles ;

   • une pleine participation des immigrants et des Québécois des communautés culturelles à la vie économique, sociale, culturelle et institutionnelle du Québec ;

   • des interventions visant le développement de relations intercommunautaires harmonieuses entre les Québécois de toutes origines[55].

▓ LES LOIS CANADIENNES ET QUÉBÉCOISES ACTUELLES EN MATIÈRE D'IMMIGRATION

L'admission des immigrants au Canada (ainsi que la vérification du dossier médical et du dossier judiciaire) est de compétence fédérale. Toutefois, depuis 1978, le Québec sélectionne les immigrants qui veulent s'établir sur son territoire (entente Couture-Cullen), et depuis 1991 (entente McDougall-Gagnon-Tremblay), même si l'admission des immigrants est toujours de compétence fédérale, le Québec est maître d'œuvre en ce qui concerne le volume, la sélection et l'intégration de ses immigrants indépendants. (Les catégories « réunification de famille » et « réfugiés » relèvent du gouvernement fédéral.)

---

[55] Gouvernement du Québec, ministère des Communautés culturelles et de l'Immigration, *Au Québec pour bâtir ensemble. Énoncé de politique en matière d'immigration et d'intégration*, 1990, p. 18.

Depuis 1968, le Québec a son propre ministère de l'immigration, lequel s'est appelé, de 1981 à 1994, «ministère des Communautés culturelles et de l'Immigration» (MCCI). Ce ministère a pour fonction «d'informer, de recruter, de sélectionner les immigrants, de rendre possible leur établissement et d'assurer leur intégration harmonieuse au sein de la société québécoise et plus particulièrement de la majorité francophone[56]». Depuis 1994, ce ministère se nomme «ministère des Affaires internationales, de l'Immigration et des Communautés culturelles» (MAIICC), par suite d'une refonte administrative.

L'IMMIGRATION PERMANENTE (RÉSIDENTS PERMANENTS)

Le Canada étant un pays de peuplement, il valorise une immigration permanente. L'immigration permanente comprend trois catégories d'immigrants: la réunification de famille, les indépendants et les personnes en situation de détresse (réfugiés). Chacune de ces catégories est associée à des critères de sélection différents. Ces trois catégories sont reconnues par le gouvernement fédéral et le Québec.

La réunification de famille

Le Québec, tout comme le Canada, reconnaît l'importance de la réunification des familles. Ainsi, tout ressortissant étranger qui appartient à cette catégorie voit sa demande examinée de façon prioritaire. L'objectif de l'immigration étant de faire des immigrants des résidents permanents et éventuellement des citoyens à part entière, il est compréhensible que le gouvernement facilite l'admission des membres de la famille proche. Qui peut donc appartenir à cette catégorie? Un ressortissant étranger qui, par rapport à un résident du Québec, est:

  a) son conjoint;

  b) son enfant célibataire;

  c) son père, sa mère, son grand-père ou sa grand-mère âgé d'au moins 60 ans, ou de moins de 60 ans s'ils sont incapables d'exercer un emploi ou si son conjoint est décédé;

  d) son frère, sa sœur, son neveu, sa nièce, son petit-fils ou sa petite-fille, orphelin et mineur non émancipé;

  e) son fiancé[57];

---

[56] Gouvernement du Québec, ministère des Communautés culturelles et de l'Immigration, *Consultation sur le niveau d'immigration. Aspects légaux et réglementaires de l'immigration au Québec*, 1986, p. 1.

[57] Celui-ci doit établir qu'il n'existe aucun obstacle juridique au mariage et les fiancés doivent s'engager par écrit à s'épouser dans les 90 jours de l'arrivée du fiancé au Québec.

f) une personne célibataire mineure que ce résident du Québec a l'intention d'adopter et qu'il peut adopter en vertu des lois du Québec ;

g) un parent, indépendamment de son âge ou de son lien de parenté avec le résident du Québec, lorsque ce résident du Québec n'a pas de conjoint, d'enfant, de père, de mère, de grand-père, de grand-mère, de frère, de sœur, d'oncle, de tante, de neveu, de nièce[58].

La personne qui se porte garante d'un ressortissant étranger s'engage par contrat auprès du MAIICC à subvenir aux besoins essentiels (nourriture, logement, vêtements, etc.) de ce dernier pendant une période déterminée : 3 ans pour le conjoint du garant et 10 ans ou jusqu'à la majorité (18 ans), selon la plus longue des deux périodes, pour les autres. Le résident permanent ou le citoyen canadien domicilié au Québec devient garant s'il démontre qu'il est capable de respecter ses obligations financières[59].

Le tableau 13 indique la répartition des immigrants de la catégorie réunification de famille admis au Québec, selon la sous-catégorie, entre 1981 et 1990.

 TABLEAU 13

Répartition des immigrants de la catégorie réunification de famille admis au Québec, selon la sous-catégorie (1981-1990)

Sous-catégorie	Nombre	%
Conjoints et enfants non mariés	35 958	47,3
Fiancés et enfants non mariés	3 521	4,6
Enfants et mariés	10 688	14,1
Enfants orphelins	214	0,3
Enfants qui seront adoptés	1 049	1,4
Parents de plus de 60 ans ou de moins de 60 ans, si incapables d'exercer un emploi	10 230	13,4
Indépendamment du lien de parenté	77	0,1
Parents de citoyens canadiens	14 331	18,8
Total	76 068	100,0

Source : Gouvernement du Québec, ministère des Communautés culturelles et de l'Immigration, Direction des études et de la recherche, *Caractéristiques des immigrants admis au Québec 1981-1990*, juin 1991, p. 33.

---

[58] Gouvernement du Québec, ministère des Communautés culturelles et de l'Immigration, *Recueil des lois et règlements du ministère des Communautés culturelles et de l'Immigration*, 19 juin 1991, p. 12R.06.

[59] Gouvernement du Québec, ministère des Affaires internationales, de l'Immigration et des Communautés culturelles, *La sélection des immigrants et les catégories d'immigration*, octobre 1994, n. p.

Les personnes en situation de détresse (réfugiés)

Au Canada

En 1969, le Canada adhère à la Convention des Nations unies sur les réfugiés, signée à Genève en 1951, et accorde une reconnaissance légale au statut de réfugié. La question des réfugiés est donc exclusivement de compétence fédérale. Un réfugié est défini comme :

> (...)toute personne qui, craignant avec raison d'être persécutée du fait de sa race, de sa religion, de sa nationalité, de son appartenance à un groupe social ou de ses opinions politiques, se trouve hors du pays dont elle a la nationalité et ne peut, ou, du fait de cette crainte, ne veut se réclamer de la protection de ce pays, ou qui, si elle n'a pas de nationalité et se trouve hors du pays dans lequel elle avait sa résidence habituelle, ne peut ou, en raison de ladite crainte, ne veut y retourner[60].

Les réfugiés sont, en général, sélectionnés à l'étranger. Il faut les distinguer des «revendicateurs de statut» qui, sans avoir été sélectionnés à l'extérieur du Canada et sans été admis au admission au Canada, demandent d'être reconnus comme tels à leur arrivée ou après leur entrée au pays.

Au Québec

Le Québec reconnaît trois types de «personnes en situation de détresse» (y compris les réfugiés au sens de la Convention), selon que le ressortissant :

a) est reconnu, au sens de la Loi concernant l'immigration au Canada, comme un réfugié au sens de la Convention ;

b) fait partie d'une catégorie de ressortissants étrangers reconnue par règlement comme :

   i) craignant avec raison d'être persécuté du fait de sa race, de sa religion, de sa nationalité, de son appartenance à un certain groupe social ou de ses opinions politiques et qui ne serait pas exclu de l'application de la Convention à cause d'un crime ou de ses gestes personnels ;

   ii) se trouvant hors du pays de sa résidence à cause d'une guerre, de troubles civils ou d'un changement de régime politique, et est incapable de retourner vivre dans le pays de sa résidence parce qu'il craint avec raison que sa sécurité personnelle ne soit mise en danger ;

---

[60] Gouvernement du Québec, ministère des Communautés culturelles et de l'Immigration, *Consultation sur le niveau d'immigration. Aspects légaux et réglementaires de l'immigration au Québec*, 1986, p. 4.

iii) ou étant victime d'un cataclysme naturel qui a détruit l'environnement de son lieu de résidence;

c) est dans une situation de détresse[61] telle qu'il mérite une considération humanitaire du fait que:

i) son bien-être physique, mental ou moral, de même que celui de sa famille se retrouveraient fortement perturbés s'il ne pouvait demeurer ou venir au Québec;

ii) sans être un résident du Québec, il s'est intégré à la collectivité québécoise et représente un apport certain à cause notamment de son emploi, de sa profession, ou de son activité économique ou artistique;

iii) sa sécurité physique se trouverait menacée notamment à cause de risques d'emprisonnement, de torture ou de mort, s'il ne pouvait demeurer ou venir au Québec[62].

Depuis 1981, le Québec accepte entre 12 et 15% d'immigrants pour des motifs humanitaires.

Le tableau 14 montre la répartition des immigrants de la catégorie des réfugiés admis au Québec, selon la sous-catégorie, entre 1981 et 1990.

TABLEAU 14

Répartition des immigrants de la catégorie des réfugiés admis au Québec, selon la sous-catégorie (1981-1990)

Sous-catégorie	Nombre	%
Réfugiés au sens de la Convention	10 867	32,0
Classes désignées de personnes en situation de détresse	23 093	68,0
Total	33 960	100,0

Source: Gouvernement du Québec, ministère des Communautés culturelles et de l'Immigration, Direction des études et de la recherche, *Caractéristiques des immigrants admis au Québec 1981-1990*, juin 1991, p. 34.

---

[61] C'est en mai 1982, en vertu de la modification apportée à la réglementation québécoise (article 18c), que le MCCI a ajouté cette troisième catégorie de personnes en situation de détresse; le ministre peut sélectionner ces personnes en vertu de son pouvoir discrétionnaire.

[62] Gouvernement du Québec, ministère des Communautés culturelles et de l'Immigration, *Recueil des lois et règlements du ministère des Communautés culturelles et de l'Immigration*, 19 juin 1991, p. 12R.06.

Les immigrants indépendants

Un immigrant indépendant se définit comme un ressortissant étranger :

    a) âgé d'au moins 18 ans qui vient occuper au Québec un emploi permanent et à temps plein (travailleur autonome) ;

    b) âgé d'au moins 18 ans qui vient au Québec pour (entrepreneur) :

        1. créer ou acquérir une exploitation afin de la gérer lui-même ;

        2. créer ou acquérir, pour la gérer lui-même, une entreprise industrielle ou commerciale qui emploiera immédiatement, de façon permanente et à temps plein, au moins 3 résidants du Québec autres que le ressortissant étranger et les personnes à charge qui l'accompagnent ;

    c) âgé d'au moins 55 ans et qui n'a pas l'intention de chercher, ni d'accepter un emploi au Québec (retraité) ;

    d) un ressortissant étranger peut être désigné comme étant un « parent aidé », si, par rapport à un résidant du Québec, il est son neveu/nièce célibataire de moins de 21 ans, son enfant, son père/mère, son frère/sœur, son grand-père/grand-mère, sa tante/oncle, petit-fils/petite-fille, tout en ne répondant pas, par ailleurs, aux conditions de la catégorie réunification de famille ;

    e) âgé d'au moins 18 ans, qui dispose d'au moins 500 000 $, et qui vient au Québec pour faire fructifier cet argent dans une corporation au Québec (investisseur)[63].

Le tableau 15 présente la répartition des immigrants de la catégorie des indépendants admis au Québec, selon la sous-catégorie, entre 1981 et 1990.

 TABLEAU 15

Répartition des immigrants de la catégorie des indépendants admis au Québec, selon la sous-catégorie (1981-1990)

Sous-catégorie	Nombre	%
Retraités	3 114	2,9
Entrepreneurs	22 485	20,8
Investisseurs	1 465	1,4
Travailleurs autonomes	9 272	8,6
Travailleurs sélectionnés	71 680	66,4
Total	108 016	100,0

Source : Gouvernement du Québec, ministère des Communautés culturelles et de l'Immigration, Direction des études et de la recherche, *Caractéristiques des immigrants admis au Québec 1981-1990*, juin 1991, p. 32.

---

[63] *Ibid.*

La grille de sélection des immigrants indépendants

Les immigrants de la catégorie réunification de famille et ceux de la catégorie des personnes en détresse ne sont pas tenus de se soumettre à une grille de sélection. Par contre, ceux de la catégorie des indépendants doivent se soumettre à une grille de sélection qui comporte huit facteurs (encadré 19).

ENCADRÉ 19

Grille québécoise de sélection des immigrants indépendants

1. Instruction: 11 points

2. Préparation professionnelle spécifique: 10 points

   - De 6 mois: 2 points

   - De 6 à 12 mois: 4 points

   - De 1 à 2 ans: 6 points

   - De 2 à 4 ans: 8 points

   - De 4 ans et plus: 10 points

3. Adaptabilité: 22 points

   - Qualités personnelles: 15 points

   Un fonctionnaire pose des questions orales permettant d'évaluer la flexibilité, la sociabilité, le dynamisme, l'initiative, la persévérance, la confiance en soi, l'esprit de réalisme et la maturité du candidat.

   - Motivation: 5 points

   Un fonctionnaire pose des questions orales permettant d'évaluer les motifs de l'émigration et les raisons invoquées pour la venue éventuelle au Québec.

   - Connaissance du Québec: 2 points

   Un ressortissant étranger peut obtenir ces points s'il est membre d'un groupement ou d'une association sans but lucratif qui vise à promouvoir les relations culturelles ou économiques avec le Québec, ou s'il a séjourné au Québec au moins deux semaines au cours des cinq dernières années.

4. Emploi:

   - Emploi permanent et à temps plein: 15 points

   - Possibilité d'emploi: 0 à 10 points

5. Expérience professionnelle: 10 points (selon l'expérience)

6. Âge: 10 points
   Jusqu'à:

   - 35 ans: 10 points

   - 36 ans: 9 points

   - 37 ans: 6 points

   - 38 ans: 4 points

   - 39 ans: 2 points

   - 40 ans: 1 point

7. Langue :

■ Connaissance du français : 15 points

compréhension : 6 points

expression orale : 5 points

lecture : 3 points

écriture : 1 point

■ Connaissance de l'anglais : 2 points

   compréhension : 1 point

      expression orale : 1 point

8. Parent ou ami résidant au Québec : 5 points

9. Points bonis :

■ Si le conjoint parle français couramment : 4 points

■ Si le conjoint est en mesure d'exercer un emploi selon la demande : 4 points

■ Présence d'enfants dans la famille :

   1 enfant : 1 point

   2 enfants : 2 points

   3 enfants : 4 points

Source : Gouvernement du Québec, ministère des Communautés culturelles et de l'Immigration, *Recueil des lois et règlements du MCCI*, 19 juin 1991, p. 22-27.

Le requérant doit obtenir au moins 50 points sur un total possible de 108 points pour que sa candidature soit retenue. Les facteurs de l'emploi et de l'expérience professionnelle ont une importance déterminante dans cette grille de sélection : une note zéro, par exemple, à l'un ou à l'autre de ces facteurs entraîne le refus d'une candidature.

L'IMMIGRATION TEMPORAIRE

On regroupe sous cette appellation les ressortissants d'autres pays qui séjournent au Québec pour un temps limité. Il s'agit des étudiants étrangers, des travailleurs temporaires et des cas médicaux. Toutes ces personnes doivent obtenir un permis de séjour canadien.

L'encadré 20 résume bien les principales caractéristiques des différentes catégories d'immigrants qui entrent au Canada et au Québec.

L'immigration permanente et temporaire

RÉSIDENT PERMANENT

- Immigrant indépendant : personne acceptée en raison de sa qualification professionnelle et des besoins de main-d'œuvre :

  ☐ travailleur autonome,

  ☐ gens d'affaires (entrepreneur, investisseur),

  ☐ parent aidé,

  ☐ retraité.

- Réunification de famille : personne ayant un lien de parenté avec un citoyen canadien ou un résident permanent du Québec, qui s'en porte garant.

- Réfugié : personne acceptée dans le cadre d'un programme d'aide humanitaire spécial.

RÉSIDENT TEMPORAIRE

- Étudiant étranger : permis de séjour de 1 an, renouvelable.

- Travailleur temporaire : permis de séjour de 1 an, renouvelable.

- Touriste : permis de séjour d'un maximum de 3 mois.

- Personne en séjour thérapeutique : plus ou moins 3 mois, renouvelable.

- Détenteur du permis du ministre fédéral : pour tous les cas particuliers (2 mois/6 mois/1 an, renouvelable).

- Immigrant illégal : en situation irrégulière.

Sources : Gouvernement du Québec, ministère de l'Éducation, Direction de la coordination des réseaux, Services aux communautés culturelles, *Les Canadiens et les Québécois face à l'immigration,* cahier n° 2, Guide de l'animateur, mai 1991, p. 143.
Gouvernement du Québec, ministère des Affaires internationales, de l'Immigration et des Communautés culturelles, *La sélection des immigrants et les catégories d'immigration,* octobre 1994, n. p.

2.4 QUELQUES RÉPONSES À DES PRÉJUGÉS COURANTS SUR LES IMMIGRANTS QUÉBÉCOIS

Les différentes données présentées dans ce chapitre sont des faits historiques, sociologiques et démographiques qui nous ont permis de dresser un portrait de l'immigration au Québec. Ces données constituent les connaissances de base nécessaires à la compréhension de l'immigration québécoise.

Nous savons que les préjugés ne relèvent pas que de l'ignorance; ils dépendent aussi des attitudes et des réactions émotives à des situations qui semblent menaçantes. Nous pensons cependant que l'information peut aider à combattre les préjugés. C'est ce que nous allons tenter de démontrer pour les quelques préjugés courants qui suivent.

«Les immigrants sont peu scolarisés.»

Les immigrants sont, en général, plus nombreux à avoir terminé des études universitaires que les autres Québécois. En 1991, 24,8% de la population immigrée avait moins d'un niveau primaire par rapport à 20,1% de la population totale; par contre, 26,9% de la population immigrée avait atteint le niveau universitaire comparativement à seulement 18,1% de la population totale. Les immigrants sont donc des gens soit faiblement scolarisés, soit fortement scolarisés.

Si on examine la répartition de la population immigrée selon le plus haut niveau de scolarité atteint à travers diverses périodes d'immigration, on constate que de moins en moins d'immigrés sont faiblement scolarisés. En effet, avant 1946, 47,3% de la population immigrée était faiblement scolarisée (moins de neuf ans de scolarité), alors que, au cours de la période 1983-1986, seulement 21,7% de la population immigrée était dans cette situation. Par contre, de plus en plus d'immigrés sont fortement scolarisés. Avant 1946, 11% de la population immigrée avait atteint un niveau d'études universitaires par rapport à 29,2% pour la période 1983-1986. Les immigrants arrivent donc au Québec de plus en plus scolarisés. Entre 1981 et 1990, par exemple, les chiffres indiquent que 59,6% des travailleurs immigrés avaient atteint un niveau de scolarité plus élevé que le secondaire, et que seulement 10,6% d'entre eux n'avaient qu'un diplôme d'études primaires.

Si on évalue maintenant la scolarité des immigrants par rapport à leur emploi, on peut être induit en erreur, car il arrive que certains d'entre eux occupent des emplois peu rémunérés et pour lesquels ils sont sur-scolarisés. Les difficultés pour les immigrants de faire reconnaître au Québec leur expérience professionnelle ou leur diplôme acquis à l'étranger ainsi qu'une maîtrise insuffisante de la langue de travail peuvent expliquer cette situation.

On établit aussi souvent un lien entre immigrants, délinquants, défavorisés et illettrés. Pourtant, il ne faut pas confondre la marginalisation institutionnelle, spatiale et sociale (échec scolaire, ghettos, chômage), comportementale et relationnelle (drogue, délinquance, agressivité) avec la marginalisation ethnique ou religieuse.

«Les immigrants sont des voleurs de jobs.»

Nous avons constaté qu'une bonne partie des immigrants viennent au Québec pour occuper des emplois laissés vacants par la population locale. La population immigrée masculine se concentre surtout dans les emplois professionnels, les services, le secteur de la fabrication, du montage et de la réparation ; les hommes immigrés sont particulièrement absents des emplois du secteur primaire. La population immigrée féminine se concentre surtout dans le secteur de la fabrication, du montage et de la réparation ; les femmes immigrées sont particulièrement absentes des emplois de bureau et du secteur primaire. Nous voyons par là que la population immigrante n'occupe pas toutes les sphères d'emploi ; elle se concentre surtout dans les secteurs où le Québec a besoin de main-d'œuvre.

Les immigrants faiblement scolarisés occupent souvent des emplois peu rémunérés. Ceux qui sont plus fortement scolarisés occupent quelquefois un emploi pour lequel il n'y a pas de personnes compétentes dans la population locale.

De plus, 29,8 % des immigrants admis au Québec entre 1990 et 1994 étaient des travailleurs sélectionnés, c'est-à-dire des personnes pour lesquelles l'employeur devait faire la preuve qu'il n'avait trouvé aucun candidat québécois pour occuper les emplois disponibles. Ces travailleurs ne volaient donc d'emploi à personne. Pendant la même période, le Québec a admis 14,4 % de gens d'affaires, soit des entrepreneurs ou des investisseurs, c'est-à-dire des personnes qui créent leur propre emploi, investissent de l'argent au Québec ou créent des emplois dans des entreprises.

«Les immigrants sont à notre charge. Nous les faisons vivre.»

Dans l'ensemble, les immigrants ne semblent pas représenter un fardeau social : il n'y a pas d'écart significatif entre le taux d'activité de la population immigrée et celui de l'ensemble de population.

En effet, en 1991, le taux d'activité des immigrants était de 63,1 %, comparativement à 65,1 % pour la population totale. Par contre, 9,6 % des immigrants étaient en chômage par rapport à 7,9 % de la population totale. Le taux de chômage des immigrants a légèrement augmenté au cours des dernières années.

Les sources de revenu des immigrants en attendant leur premier emploi proviennent principalement des économies personnelles (57 %) et de l'aide de parents (21 %). Cependant, il faut noter que, depuis 1986, la situation semble changer quelque peu : les immigrants ont plus de difficulté à s'intégrer au marché du travail et ils sont plus nombreux à s'inscrire à la sécurité du revenu.

L'histoire de l'immigration au Québec illustre quand même bien l'apport étranger à son développement économique. En voici quelques exemples. Après la Deuxième Guerre mondiale, des paysans italiens peu scolarisés sont venus à Montréal participer à l'essor économique de cette période en construisant des maisons, des usines et des chemins de fer. Au cours des années 60, en plein développement d'une économie québécoise francophone, des immigrants scolarisés originaires d'Égypte et d'Haïti sont venus occuper des emplois professionnels dans les secteurs de l'ingénierie, de l'éducation et de la santé. Enfin, depuis la fin des années 80, en situation économique difficile, des investisseurs étrangers, particulièrement en provenance de Hong-kong, viennent apporter leur soutien à l'économie québécoise chancelante.

«Le Canada ne contrôle plus ses frontières.»

Le Canada contrôle l'entrée des immigrants sur son territoire au moyen de divers mécanismes subtils. Il détermine lui-même le nombre total d'immigrants qui seront admis chaque année. Après avoir consulté ses différents partenaires économiques (syndicats, associations de patronats, chambres de commerce, etc.), il établit les niveaux d'immigration souhaitables. Selon les différentes périodes de son histoire, le Canada a admis des nombres très variables d'immigrants : en situation économique prospère, il ouvre ses portes à l'immigration (400 000 immigrants en 1913) ; en situation économique difficile, il les referme (8000 immigrants en 1930). Il détermine le débit de son immigration. Il détermine également le nombre d'immigrants à admettre par catégorie. En situation économique difficile, il privilégie les immigrants indépendants au détriment de ceux des catégories de la réunification de famille ou des parents aidés, lesquels n'entrent pas au pays sans la garantie d'un emploi.

De plus, le Canada choisit ses immigrants indépendants au moyen de huit critères de sélection : l'instruction, la préparation professionnelle spécifique, l'adaptabilité, l'emploi, l'expérience professionnelle, l'âge, la connaissance du français et de l'anglais et l'existence d'un parent ou d'un ami résidant. Grâce à cette grille, le Canada choisit le type d'immigrant qu'il désire accueillir : il accorde plus ou moins de points aux différentes caractéristiques retenues dans la grille.

Par exemple, il y a quelques années, la connaissance du français donnait 2 points au futur candidat à l'immigration au Canada ; aujourd'hui, le Québec accorde 15 points à la connaissance de la langue française. Un immigrant qui n'obtiendrait aucun point pour l'emploi et l'expérience professionnelle serait automatiquement refusé. Comme le Canada désire particulièrement des immigrants en âge de travailler, il accorde plus de points dans la grille aux candidats âgés de moins de 35 ans et aucun point à ceux qui ont plus de 40 ans.

Bref, n'entre pas qui veut au Québec et au Canada. Les gouvernements déterminent eux-mêmes le nombre d'immigrants qui seront admis annuellement, leur répartition selon les différentes catégories d'immigrants et certaines caractéristiques personnelles des immigrants.

LA COMMUNICATION INTER- CULTURELLE

CHAPITRE 3

C e qui est relatif à soi est souvent présenté comme complexe et nuancé alors qu'autrui est plus facilement identifié et catégorisé.

Martine Abdallah-Pretceille

Nous voilà arrivés à l'objectif principal de ce livre, qui est d'aborder le phénomène de la communication interculturelle au moyen des notions et des données exposées dans les chapitres précédents. Ce dernier chapitre nous permettra d'examiner trois aspects de la communication interculturelle : ses caractéristiques, les habiletés qu'elle requiert ainsi que leur application grâce à la méthode des incidents critiques. Nous verrons que les caractéristiques de la communication interculturelle sont très semblables à celles de la communication entre gens de même culture, et que certaines habiletés à communiquer à l'intérieur de sa propre culture peuvent être utiles et utilisables dans la communication avec des gens de culture différente, bien que celle-ci demande également des capacités propres. Enfin, le lecteur ou la lectrice pourra vérifier son habileté personnelle à communiquer avec des gens d'autres cultures au moyen des analyses de cas suggérées à la fin du chapitre.

3.1 LES CARACTÉRISTIQUES DE LA COMMUNICATION INTERCULTURELLE

■ L'UNIVERS DES SIGNIFICATIONS

La communication peut être définie comme une relation qui s'établit entre des personnes à partir des significations communes qu'elles attribuent à des mots et à des intonations (communication verbale) ainsi qu'à des gestes, des attitudes corporelles, des expressions, des positions dans l'espace, des vêtements (communication non verbale). Ces significations sont apprises ; elles varient en fonction de facteurs sociaux (tels que le sexe, l'âge, la classe sociale, la catégorie professionnelle, le lieu de résidence), mais elles varient également selon les cultures.

Entre des personnes qui partagent un même univers de significations, le processus de communication s'effectue dans un climat de relative compréhension sous-entendue ; quand cet univers de significations n'est pas pleinement partagé, la communication s'établit plus difficilement. Des personnes de cultures ou de sous-cultures différentes peuvent alors attribuer des significations différentes aux mêmes réalités, ce qui provoque de l'incompréhension de part et d'autre. Martine Abdallah-Pretceille donne cette définition des relations interculturelles : «interactions entre deux identités qui se donnent mutuellement un sens dans un contexte à définir à chaque fois[1].» Par exemple, deux interlocuteurs peuvent utiliser un même geste et ne pas lui attacher la même signification: ainsi, regarder quelqu'un dans les yeux pourra être aussi bien une attitude de franchise que de défi. Ou encore deux personnes peuvent vouloir émettre le même message — dire oui — mais au moyen de gestes différents: en agitant la tête de bas en haut ou en l'oscillant de gauche à droite.

■ LE CONTEXTE

À l'intérieur d'une même culture, la communication verbale fait l'objet de choix différents selon le contexte dans lequel elle se déroule (voir l'encadré 1). Par exemple, un conférencier choisit d'utiliser un vocabulaire courant ou spécialisé, un niveau de langue plus ou moins concret ou abstrait, familier ou neutre, et d'éviter les aspects tabous de son sujet en fonction de l'auditoire auquel il s'adresse. Ce choix de mots s'effectue constamment, dans toute forme de communication. Il doit aussi s'effectuer en situation de communication interculturelle; les personnes qui communiquent doivent alors connaître les règles qui président à ces choix. Quand utiliser le «tu» et le «vous»? Quels sont les sujets ou les termes tabous pour un jeune homme qui s'adresse à une dame âgée? Jusqu'où va la familiarité du ton entre amis? Voilà des codes de conduite que des gens venant d'autres cultures doivent apprendre à maîtriser.

ENCADRÉ 1

La communication verbale

	Caractéristiques	Exemples
Vocabulaire	■ Dans une même langue, les mots peuvent avoir des sens différents.	■ Le mot «blonde» en québécois sert à désigner une petite amie, alors que pour les Français il désigne tout simplement une personne blonde.
	■ Il peut y avoir plusieurs mots pour désigner le même objet.	■ Dans la langue des Inuit, on utilise près d'une vingtaine de mots pour désigner la neige.

---

[1] Martine Abdallah–Pretceille, «L'interculturel en éducation et sciences humaines», *Actes du colloque de Toulouse (juin 1985)*, Publications Université Toulouse Le Mirail, 1986, p. 25-32.

Caractéristiques	Exemples
■ Le nom d'une personne peut nous donner une foule de renseignements.	■ Monique CHANG : femme d'origine chinoise dont le prénom indique peut-être l'appartenance à une religion chrétienne ou une influence occidentale.

	Caractéristiques	Exemples
Structure grammaticale	■ Longueur des phrases et forme du langage.	■ Au Québec, on emploie une forme interrogative particulière servant à mettre de l'emphase : «T'en viens-tu?»
Intonation	■ Varie selon les cultures : peut signifier l'exagération pour les uns, la discrétion pour les autres. ■ Le rythme de la parole et le volume de la voix varient également selon les cultures.	■ Les membres de certaines cultures ne haussent jamais la voix. D'autres parlent fort, avec beaucoup de gestes. ■ Parler lentement, à voix douce, donne des indications sur l'humeur d'une personne.
Expressions	■ Certaines expressions créent un sentiment de solidarité et d'appartenance à un groupe. ■ Selon les cultures, certaines expressions traduisent une conception particulière des choses.	■ Certaines expressions du langage des jeunes Québécois : «C'est un *twit*», «C'est *écœurant*.» ■ En espagnol : le temps «passe» (*pasa el tiempo*). En anglais : le temps «court» (*run*).

Silence	■ Peut avoir plusieurs significations.
	
	■ Peut être valorisé ou non, selon les situations et les cultures.
		■ Peut signifier :
		  • réflexion
		  • résistance
		  • respect...

Codes	■ Codes de politesse dans le langage. ■ Sujets tabous.	■ Dans certaines cultures, on doit parler de tout et de rien avant d'entrer en relation avec une autre personne. ■ L'utilisation du «tu» et du «vous» indique le degré de familiarité. ■ Dans certaines cultures, la sexualité, la mort, la maladie peuvent être des sujets tabous.

Sources : Louise Cantin et Gina Saint-Laurent, *Session d'information pour l'intégration socio-professionnelle des immigrants francophones*, MCCI, juin 1992.
Joyce Newman-Giger et Ruth Elaine Davidhisar, *Soins infirmiers interculturels*, Montréal, Éditions Gaëtan Morin, 1991, 307 p.
Maurice Mauviel, «Formations relatives aux communications non verbales en contexte pluri-culturel», *Intercultures*, n°7, sept. 1989.

La communication non verbale fait elle aussi l'objet de choix. Au-delà des mots, que nous indiquent le paralangage, les gestes, les expressions du visage et les mouvements corporels, le contact visuel, le langage des objets, le toucher, la conception du temps et la structuration de l'espace? À chacun de ces éléments correspondent des choix pertinents selon les situations (voir l'encadré 2). Ces choix peuvent être conscients ou simplement intériorisés par enculturation, c'est-à-dire que la personne n'en a pas vraiment conscience parce qu'elle les a appris avant l'âge de l'abstraction. Ainsi, en situation de communication interculturelle, des gens socialisés dans une culture doivent pouvoir effectuer des choix semblables en apprenant à assimiler les règles complexes d'une autre culture.

ENCADRÉ 2

Les éléments de la communication non verbale

1. Le paralangage

La langue parlée n'est pas neutre, elle est toujours influencée par le timbre de la voix, le registre de sons utilisé, l'accent mis sur certains mots... C'est ce qu'on appelle le «paralangage». Par exemple, un «oui» peut signifier beaucoup plus qu'une simple approbation: il peut annoncer la colère, la frustration, le désintéressement, voire le défi. La bonne interprétation d'un «oui» dépendra donc du ton et des inflexions de la voix.

2. Les gestes

Le geste a probablement fait partie des premiers moyens de communication entre les êtres humains. Toutes les sociétés ont des systèmes de communication par gestes. Certains sont largement répandus: par exemple, secouer la tête de haut en bas pour dire «oui» ou une poignée de main comme geste de bienvenue dans les sociétés occidentales.

Certaines cultures sont réputées pour être plus «expressives» que d'autres: pensons aux Italiens et aux Français en comparaison des Anglais ou des Autrichiens. Les gestes n'ont pas de signification en soi; ils en acquièrent une par convention culturelle. Ils nous aident à définir des rôles et des situations sociales. Par exemple, on utilisera des gestes de bienvenue différents selon qu'on se trouve dans une situation de politesse formelle ou amicale. De la même manière, d'autres gestes seront associés à des comportements de séduction, d'autorité, de désapprobation, de punition.

3. Les expressions du visage et les mouvements corporels

Les mouvements de notre visage et de notre corps, qu'ils soient intentionnels ou inconscients, communiquent nos émotions, nos réactions, devant telle ou telle situation. C'est le cas des postures plus détendues que nous adoptons lorsque nous sommes avec des amis, de la raideur avec laquelle nous côtoyons des gens dont la position sociale est supérieure à la nôtre, ou encore des gestes que nous utilisons quand nous sommes en situation d'autorité.

4. Le contact visuel

Chaque culture a défini des règles à observer en ce qui concerne le contact visuel; ce qui est permis dans une culture ne l'est pas nécessairement dans une autre:
Qui pouvons-nous regarder dans les yeux?

Sur quelles parties du corps pouvons-nous porter notre regard?

Combien de temps pouvons-nous fixer quelqu'un?

Par exemple, dans les cultures nord-américaines, on enseigne aux enfants à regarder les adultes dans les yeux quand ils leur parlent, alors que, dans certaines cultures asiatiques, c'est plutôt le contraire : regarder dans les yeux un adulte ou une personne en position d'autorité est une insulte ou une attitude de défi.

5. Le langage des objets

Les vêtements et les bijoux ont de multiples fonctions : ils expriment des émotions (par leur couleur), envoient des messages sexuels, expriment des différences socioéconomiques, culturelles et ethniques.

Les objets aussi ont une importance capitale : la décoration et l'ameublement d'une maison, l'automobile, l'équipement sportif reflètent souvent l'appartenance socioculturelle, l'âge et le sexe.

6. Le toucher

Le toucher est un outil de communication très important. Il exprime toute une gamme d'émotions : la peur, la tendresse, la froideur, l'amitié. Encore là, le toucher, selon les cultures, est tabou ou permis, voire encouragé.

Par exemple, dans les sociétés nord-américaines, on ne touche que certaines personnes très intimes. Toucher une personne en public est souvent jugé déplacé. De façon générale, les Nord-Américains n'aiment pas se toucher en public et évitent le plus possible les contacts physiques (dans l'autobus, dans le métro, dans les files d'attente). Dans certains pays arabes, les gens se touchent dans la rue, s'embrassent (les hommes s'embrassent, dansent ensemble).

Il existe des règles très précises selon les cultures en ce qui concerne le toucher :

Qui peut-on toucher dans notre société?

De quelle façon peut-on toucher quelqu'un?

Quelles parties du corps peut-on toucher en public?

7. La conception du temps

La valeur accordée au temps peut varier selon les cultures. En Amérique, le temps a une valeur matérielle : nous en gagnons, nous en perdons, nous en donnons. Le retard n'est pas toujours perçu de la même façon selon les situations : remettre un travail en retard est impensable ; arriver en retard à un *party* est tout à fait dans la norme. Selon la durée du retard, la personne que l'on fait attendre, l'endroit de la rencontre, un retard à un rendez-vous peut être interprété comme une insulte ou un signe d'irresponsabilité ou, au contraire, comme un geste approprié. Selon que l'on est habileté à mener ou non plusieurs actions en même temps, on vit dans un temps polychrone ou monochrone : selon la conception monochrone du temps, les choses à faire sont mises en séquences ordonnées et prévisibles ; selon la conception polychrone du temps, elles sont effectuées simultanément et sont fréquemment interrompues. De façon générale, le temps peut être perçu comme cyclique, c'est-à-dire comme une répétition sans fin des mêmes moments, ou de façon linéaire, c'est-à-dire comme un déroulement continu allant du passé au futur en passant par le présent.

8. La structuration de l'espace

E. T. Hall a défini trois distances interpersonnelles dans les relations humaines : la distance intime (7 à 60 cm), la distance sociale (60 cm à 1,5 m) et la distance publique (2 à 30 m). En Amérique du Nord, la distance «idéale» pour une conversation entre deux personnes est d'environ 1 m. Dans les pays arabes, cette distance est beaucoup moindre. Lorsque des gens violent ces règles et franchissent le seuil de la limite permise, nous ressentons aussitôt un malaise : quelqu'un qui se tiendrait à une distance moindre que celle de la distance sociale pourrait évidemment être perçu comme un ami, mais aussi comme un agresseur. On peut imaginer une conversation entre un Américain et un Arabe au cours de laquelle chacun suivrait son code culturel. Les deux se sentiraient mal à l'aise : l'Américain percevrait l'Arabe comme un intrus et l'Arabe percevrait l'Américain comme étant inamical.

Sources : Ronald Adler et Neil Towne, adaptation de Jacques Shewchuck, *Communication et interactions,* Montréal, Éditions Études Vivantes, 1991, 358 p.
Edward T. Hall, *Le langage silencieux,* Paris, Éditions du Seuil, coll. Points, 1984, 234 p.
Gail Myers et Michele T. Myers, *Les bases de la communication humaine. Une approche théorique et pratique,* 2ᵉ éd., Montréal, McGraw-Hill, 1990, 475 p.

■ LE DÉCODAGE DES MESSAGES

Le décodage juste de l'information est une étape cruciale de la communication. Les personnes qui communiquent ont toujours la délicate tâche de s'assurer qu'elles interprètent bien les messages de l'autre et que leurs propres messages sont bien interprétés. Ainsi, une mère qui se fait dire par sa fille : « Tu m'écœures » peut y voir des paroles grossières, alors que cette expression est d'usage courant entre amis chez les jeunes. Chaque personne, dans sa propre culture, a l'habitude de communiquer en respectant les différents codes de communication ; de façon plus ou moins approfondie, chacun possède déjà l'habileté à choisir ses messages en fonction des diverses situations de communication.

En situation de communication interculturelle, le souci de s'assurer que les messages sont bien compris s'avère encore plus important, car des significations différentes pourraient être attribuées à une même réalité. Par exemple, lors de sa visite au Québec, des enfants ont chanté à Sa Sainteté le pape Jean-Paul II : « Mon cher Jean-Paul, c'est à ton tour... » ! Dans le contexte européen, où les relations hiérarchiques sont très importantes, cette familiarité avec un supérieur serait probablement impensable ; dans le contexte nord-américain, où l'on valorise le contact amical rapide, ces paroles exprimaient une affection chaleureuse.

■ LES FILTRES

On fait souvent allusion, en matière de communication interculturelle, à des filtres qui font écran à l'interprétation commune de la réalité. Ils existent entre gens de même culture et entre gens de cultures différentes.

Comme le souligne justement Margalit Cohen-Émérique, « il existe entre gens de cultures diverses, des Filtres ou Écrans qui déforment la vision

mutuelle des uns et des autres et perturbent la compréhension (la préhen-
sion avec) et donc la relation (...) Tout homme ancré dans sa culture, lorsqu'il est interpellé par la différence de l'autre, se retourne spontanément vers
son monde qui représente pour lui la vérité, les valeurs universelles, les comportements attendus (...) Autrement dit, il se raccroche à son cadre de références culturelles[2]. » Les différents filtres de la communication sont les
significations que l'on a appris à donner aux mots, aux gestes, aux attitudes,
aux perceptions, aux comportements suivant son rôle social, son âge, son
sexe, sa position, sa classe sociale et sa profession, bref suivant sa sous-
culture et sa culture. Ces significations varient entre les personnes engagées
dans une même communication. Afin d'illustrer le fonctionnement de ces filtres, voyons maintenant comment ils agissent à travers les perceptions, les
préjugés et les jugements ethnocentriques.

■ LES PERCEPTIONS

Les perceptions sont des processus à la fois biologiques et culturels ; ce sont
pour ainsi dire des lunettes qui permettent de regarder la réalité sous un certain angle. Que ce soit pour des raisons biologiques ou culturelles, il arrive
que nous voyions des choses qui n'existent pas, que nous ne voyions pas
des choses qui existent ou encore que deux personnes perçoivent une même
chose de façon différente. Les perceptions peuvent nous faire voir la réalité
sous un angle ou sous un autre.

La plupart du temps, nous ne sommes conscients que d'une petite partie
de ce qui se passe autour de nous. Parmi les nombreux stimuli qui se présentent à nous, nous ne sélectionnons qu'un nombre limité d'informations.
Selon nos expériences antérieures, selon notre culture et notre sous-culture,
nous sommes plus ou moins sensibles à telle ou telle partie de la réalité.
Vous pourrez vous en rendre compte en faisant les trois exercices qui
suivent.

1. *Il peut arriver que nous voyions des choses qui n'existent pas.*

Regardez attentivement les carrés de la figure 1. Vous verrez apparaître
des points gris aux intersections des lignes blanches horizontales et verticales, bien que ces points gris n'existent pas réellement.

---

[2]   Margalit Cohen-Émérique, « La tolérance face à la différence, cela s'apprend », *Intercultures*,
    n° 16, janv. 1992, p. 79.

❖ **FIGURE 1**

La grille de Herman

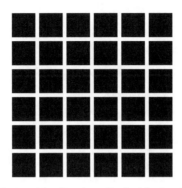

Source : Pierre Casse, *Training for the Cross-Cultural Mind — A Handbook for Cross-Cultural Trainers and Consultants*, 2ᵉ éd., Washington, Sietar, 1981, p. 51-72.

2. *Il peut arriver que nous ne voyions pas des choses qui existent.*

Lisez le contenu des trois triangles de la figure 2. Puis relisez-le attentive-ment. Vous remarquerez alors que, dans chaque triangle, un même mot est

❖ **FIGURE 2**

Les trois triangles

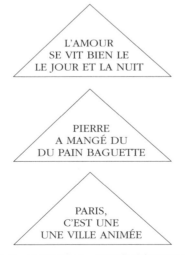

Source : Pierre Casse, *Training for the Cross-Cultural Mind — A Handbook for Cross-Cultural Trainers and Consultants*, 2ᵉ éd., Washington, Sietar, 1981, p. 51-72.

répété à la fin d'une ligne et au début de la ligne suivante. Généralement, au premier coup d'œil du moins, on ne voit pas cette répétition ; bien qu'elle soit présente, l'œil ne la voit pas, car elle est inutile à la compréhension du message. Nos yeux peuvent ne pas voir ce qui existe, parce qu'ils sont guidés par ce qui se passe dans notre cerveau.

3. *Deux personnes peuvent percevoir une même chose différemment.*

Qu'évoque la figure 3 pour vous ?

 FIGURE 3

La croix

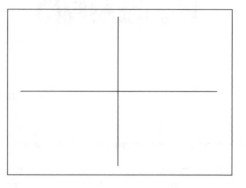

Source : Renée Bourque, *Les relations interculturelles dans les services sociaux. Guide d'animation*, Comité des relations interculturelles dans les services sociaux, ministère des Communautés culturelles et de l'Immigration, 1989, p. 96.

Certaines personnes y verront un signe mathématique, d'autres un signe de mort, de sacrifice. Des cultures ou des sous-cultures différentes attribuent des significations différentes à une même perception visuelle.

À petite échelle, on observe que les lecteurs d'un journal le lisent rarement du début à la fin. Plus généralement, ils s'intéressent à certaines pages ou à certaines chroniques ; de plus, ils repèrent certaines informations plutôt que d'autres, celles-là qui sont pertinentes pour eux. Par exemple, au moment de la recrudescence du nombre de cas de méningites au Québec chez les enfants à la fin de l'année 1991 et au début de l'année 1992, certains parents repéraient dans les journaux la moindre information concernant les nouveaux cas, alors que d'autres adultes, sans enfant, ne la voyaient tout simplement pas.

À l'échelle interculturelle, le même phénomène se produit : si une citadine se promène dans la forêt accompagnée d'un Amérindien chasseur, celui-ci entendra des bruissements de feuilles et verra des silhouettes et des pistes d'animaux qu'elle mettra plus de temps à reconnaître ; s'ils se trouvent au coin des rues Sainte-Catherine et Peel à Montréal, elle sera sensible plus rapidement que lui à la signification de certains coups de klaxon ou de freins dans la cacophonie des bruits urbains.

Nous percevons ce qui a une signification pour nous : faute de sens, certaines parties de la réalité peuvent nous échapper. En situation de communication interculturelle, les perceptions différentes peuvent bloquer le processus de communication si elles ne sont pas élucidées.

■ LES PRÉJUGÉS

Les préjugés peuvent eux aussi constituer des filtres de la communication. En voici un exemple.

Un jeune couple de Québécois se promène un jour dans un village péruvien pendant les festivités du carnaval. À quelques reprises, il se fait arroser par une bande de jeunes au moyen de bouteilles de plastique contenant de l'eau. Lorsque ces jeunes lancent l'eau, ils rient puis s'enfuient. L'homme et la femme commencent par interpréter ce geste comme une manifestation d'agressivité envers les étrangers ; puis, reliant l'événement au contexte du carnaval, ils le voient comme une invitation à rire et ils décident de se mettre de la partie. Ils se munissent alors de bouteilles et arrosent à leur tour ; mais au moment où l'homme lance de l'eau vers une bande de jeunes garçons, il se fait crier des insultes.

Comment démêler cela ?

Après avoir obtenu des explications des Péruviens, ils apprennent qu'en période de carnaval les jeunes hommes arrosent les jeunes filles pour initier un flirt. Il ne s'agissait donc pas d'agressivité envers des étrangers mais d'une invitation lancée à la jeune femme pour l'amener à participer à l'esprit badin du carnaval. En se mettant à arroser d'autres jeunes hommes, l'homme n'a pas respecté ces règles et on l'a insulté en lui demandant « s'il avait changé de bord » !

Les préjugés sont utiles dans la vie quotidienne. Quand ils sont basés sur une longue expérience d'un certain milieu, ils constituent des jugements économiques sur la réalité. En effet, à partir d'expériences répétées, il arrive que l'on prévoie avec justesse tel comportement afin d'éviter la perte de temps que représenterait l'analyse minutieuse de chaque nouvelle expérience. Par exemple, en arrivant au feu vert, j'avance parce que je préjuge que ceux qui sont au feu rouge vont s'arrêter. Je suis professeur et je préjuge que l'étudiant qui arrive en retard à presque tous les cours aura de la difficulté à remettre ses travaux à temps. Nous pouvons constater que, dans les cas où ils résultent de l'expérience, les préjugés sont utiles pour s'ajuster au milieu, pour réagir rapidement aux situations qui se reproduisent fréquemment. Par exemple, les personnes qui ont travaillé vingt ans comme professeurs, infirmiers ou policiers prévoient, souvent à juste titre, les comportements des élèves, des patients ou des contrevenants. Mais ces préjugés sont efficaces dans la mesure où nous les confrontons fréquemment à la réalité et où ils sont réajustés en fonction de celle-ci.

En effet, moins nous confrontons nos jugements à la réalité et moins nous connaissons les domaines de la réalité sur lesquels portent nos préjugés et nos stéréotypes, moins ceux-ci risquent d'être justes. Et s'ils ne reposent pas sur des expériences personnelles mais proviennent plutôt de ouï-dire et d'informations rapportées, ils peuvent facilement être nuisibles.

Bref, les catégorisations peuvent être à la fois utiles et dangereuses : utiles si elles nous évitent de répéter les mêmes observations et nous permettent d'intervenir rapidement, mais dangereuses si elles nous empêchent de rejoindre les personnes réelles, qui se confondent rarement avec les généralisations. Il faut savoir utiliser les généralisations comme des guides qui ne cachent pas la réalité des individus. Les préjugés interviennent dans le domaine de la communication interculturelle quand ils cachent la réalité de personnes ou de groupes d'autres cultures peu ou mal connus au profit de généralisations faites à partir de quelques expériences. Ils sont alors des obstacles à la communication interculturelle parce qu'ils empêchent les messages d'être bien émis ou reçus. Les préjugés peuvent aller jusqu'à déterminer les perceptions : on ne voit et on ne retient alors que ce qui confirme nos préjugés ; tout le reste devient une «exception».

■ L'ETHNOCENTRISME

De façon plus globale, l'ethnocentrisme, c'est-à-dire la tendance à interpréter la réalité observée à partir de nos propres critères culturels, peut constituer un obstacle important à la communication interculturelle et agir comme un écran qui empêche de s'ouvrir à d'autres visions du monde :

> L'ethnocentrisme est à la fois un trait culturel, universellement répandu, et un phénomène psychologique de nature projective et discriminatoire qui fait que toute perception se fait à travers une «grille de lecture» élaborée inconsciemment à partir de ce qui nous est familier et de nos valeurs propres ; cette grille opère une sorte de sélection et traduit ce qui est différent dans notre langage habituel en réinterprétant l'altérité dans le registre du «même» ou en la rejetant[3].

3   E. M. Lipiansky, «Communication, codes culturels et attitudes face à l'altérité», *Intercultures*, n° 7, sept. 1989, p. 35.

Dans un cadre ethnocentrique, l'autre est souvent présenté de manière lacunaire ; on dit qu'il ne possède pas tel ou tel élément de notre culture, nos points de référence, plutôt que de le présenter sous un angle positif (il est comme ceci ou comme cela).

On peut également considérer l'exotisme comme la contrepartie de l'ethnocentrisme ; alors que ce dernier valorise la culture d'ici, le premier valorise celle de là-bas. On fait l'éloge d'une autre culture où tout est beau et réussi. Cette valorisation est élaborée sur le mode du rêve ou du mythe ; elle est dans tous les cas une méconnaissance de la réalité :

> D'une certaine façon, le tourisme représente la forme actuelle et vulgarisée de l'exotisme, dans la mesure où il pose le voyage et la découverte de l'ailleurs comme une valeur en soi. C'est d'abord une pratique consommatoire ; il s'agit de transformer l'altérité culturelle en spectacle, en source de divertissement, en objet de curiosité. Il apporte l'illusion de la connaissance sans une authentique rencontre[4].

■ DES ATOUTS POUR LA COMMUNICATION INTERCULTURELLE

Pouvons-nous conclure de ce qui précède qu'il est impossible de communiquer entre personnes de cultures étrangères l'une à l'autre ? Heureusement non, et ce pour plusieurs raisons.

Les cultures humaines partagent beaucoup de choses : il existe des problèmes qui sont identiques dans toutes les cultures et qui ne comportent qu'un nombre limité de solutions. En fait, les cultures recèlent souvent plus de ressemblances que de différences ; en effet, les membres d'une même sous-culture appartenant à des groupes culturels différents peuvent avoir plus en commun qu'avec des membres de leur propre culture qui appartiennent à une autre sous-culture. Par exemple, les jeunes des pays occidentaux industrialisés s'identifient de plus en plus à une même culture «globale». Ils ont des comportements plus étroitement apparentés entre eux qu'avec ceux de leurs parents, qui pourtant font partie d'une même culture «locale» mais appartiennent à une autre génération. Il en va de même pour les personnes âgées : elles ont des valeurs communes à travers les cultures.

> L'interculturel peut donc s'entendre comme la communication entre des personnes appartenant à des cultures différentes parmi lesquelles la culture nationale : mais celle-ci croise et interfère avec d'autres éléments d'identification comme le sexe, l'origine sociale, l'âge, la profession, les appartenances religieuses et idéologiques[5].

[4] *Ibid.*, p. 36
[5] *Ibid.*, p. 32.

Les habiletés à communiquer de façon différenciée à l'intérieur de sa propre culture sont de sérieux atouts dans la maîtrise de la communication interculturelle. Il serait dangereux par ailleurs de soutenir que les difficultés de la communication interculturelle sont insurmontables. La communication interculturelle est d'abord une habileté interpersonnelle que toute personne a déjà développée dans sa propre culture.

3.2 PRÉJUGÉS ET STÉRÉOTYPES À L'ŒUVRE : LES BLAGUES RACISTES

L'objectif premier de la communication interculturelle est de faciliter la compréhension mutuelle entre groupes de cultures différentes en permettant à chaque groupe de bien connaître les codes culturels de l'autre. Cependant, il faut constater qu'habituellement ce rapport de compréhension mutuelle n'est pas symétrique : le plus souvent, c'est la culture de la minorité qui est étudiée, analysée, puis révélée à la majorité dans l'espoir que celle-ci comprendra mieux et acceptera ses différences. Trop souvent, la culture dominante est tenue pour acquise et échappe à l'obligation d'être étudiée à son tour.

Pourtant, les obstacles à la communication interculturelle chez le groupe majoritaire sont suffisamment nombreux et structurés autour d'un répertoire de préjugés et de stéréotypes pour qu'on soit invité à les analyser dans un premier temps, pour les défaire par la suite.

De prime abord, on aurait tendance à considérer les stéréotypes et les préjugés comme des erreurs découlant de l'ignorance. Vus sous cet angle, les obstacles du groupe majoritaire à la communication interculturelle pourraient être défaits par un simple travail d'information sur la culture des autres. Toutefois, l'analyse en profondeur des stéréotypes et des préjugés montre que, loin de former un assemblage disparate, toutes ces images caricaturales et les comportements qu'elles entraînent constituent un ensemble cohérent, un véritable langage raciste appris. Ce n'est donc pas une question d'ignorance, mais de méconnaissance.

En appliquant la méthode d'analyse structurale[6] à un vaste ensemble de blagues recueillies auprès de cégépiens[7], nous avons pu mettre au jour le

---

[6] Alex Mucchielli, *L'analyse phénoménologique et structurale en sciences humaines*, Paris, PUF, 1982.

[7] Christian Barrette, «Entre l'ignorance et la communication : les stéréotypes racistes», *Impressions*, n° 11, Montréal, déc. 1991, p. 28-31.
Christian Barrette, «La communication interculturelle et les stéréotypes racistes», *Médium, sciences humaines*, n° 36, Montréal, été 1990, p. 8-12.

mode de gestion de la différence et les valeurs véhiculées dans le langage raciste utilisé par ces adolescents. Dès la compilation de ces centaines de stéréotypes associés à diverses minorités ethniques, une première évidence nous a frappés : la redondance des images. Ainsi, le «laid» et le «sale» sont des termes clés utilisés dans la grande majorité des stéréotypes attribués à des groupes ethniques. Cela constitue le premier indice d'un système organisé. Par la suite, en distribuant ces images non plus selon les groupes auxquels elles se rapportent, mais selon des thèmes communs comme la nourriture, le vêtement, la vie familiale, etc., il nous est apparu clair que nous travaillions sur un ensemble d'images structuré. En effet, les images que nous avons rattachées à un même thème ont des connotations équivalentes : chaque image devient une précision, un détail d'un ensemble résolument présent, bien qu'au départ difficile à cerner.

Prenons un exemple bien évident : celui de la nourriture. Dans le corpus de blagues racistes analysé, les images culinaires parlent de bananes frites, de grosses saucisses grasses, de «poutine», de spaghetti à l'huile d'olive, de beurre à l'ail, de sauce tomate, de vin bon marché, de «roteux», d'épices, de piments, etc. Toutes ces images gravitent autour d'évocations communes ayant un caractère négatif : la lourdeur, le gras, l'épicé, le mou, le coulant et le foncé.

Les fondements épistémologiques de la méthode structurale nous apprennent qu'un système signifiant se construit sur la base d'oppositions, de contrastes. En effet, les images que nous avons distribuées par thème peuvent être divisées en deux séries d'images contrastantes, l'une regroupant une grande quantité d'images négatives, l'autre étant plus réduite et comprenant des images positives. Ainsi, dans le cas de la nourriture, en opposition avec les images de lourdeur, de gras, etc., nous trouvons des images comme le riz blanc, les légumes croquants et le thé bien faible, qui sont nettement incompatibles avec les images négatives. Pour chacun des thèmes sur lesquels portent les stéréotypes, il est possible d'arriver ainsi à des oppositions entre des séries d'images et même assez souvent à une seule opposition dont la formulation, heureusement économique, permet d'englober toutes les autres. L'encadré 3 (p. 152) résume ce système d'oppositions.

Si l'on examine maintenant l'ensemble de ces évocations, on constate qu'on a affaire tout d'abord à un pôle formé d'une série d'images négatives qui évoquent le corps de façon péjorative. Le langage raciste amplifie le corps de l'autre, soit en grossissant tout le corps ou l'un de ses membres, soit en exagérant ses fonctions. Ainsi, le corps est grossi lorsqu'on fait allusion à ses fonctions vitales, par exemple l'accouplement, la transpiration ou la digestion, sans compter les évocations de nature scatologique. Liée aux fonctions vitales, il y a toute une série d'évocations de comportements

□ ENCADRÉ 3

Système d'oppositions des stéréotypes racistes chez les cégépiens

Thèmes	Images négatives	Images positives
Nourriture	lourd	léger
	gras	sec
	épicé	fade
	foncé	pâle
	coulant	ferme
Vêtements	voyant ou noir	sobre
	déformé	bien en plis
Habitation	est	ouest
	délabrement	entretien
Travail	manuel	intellectuel
Niveau socioéconomique	pauvre	riche
Aspect du corps	gros	petit
	difforme	bien proportionné
	mou	musclé
Hygiène	fonctions organiques évidentes	fonctions organiques absentes
Mœurs sexuelles	activité élevée	activité maîtrisée
Pratiques religieuses	culte	foi
Comportements en public	agitation	discrétion

«instinctifs» ou plutôt passionnels, c'est-à-dire irrationnels. Enfin, les tâches manuelles sont associées elles aussi au corps, non seulement par l'évidence de son utilisation dans ce type de travail, mais aussi par les évocations plus voilées de la transpiration. Faut-il rappeler que la pauvreté en général est aussi associée à ce pôle négatif? En bref, les images négatives du langage raciste utilisent le corps pour animaliser et inférioriser l'autre. Comment expliquer cela? Seulement en opposant cette série d'images aux images positives liées à l'esprit.

Ce pôle positif est celui des évocations de l'esprit, de la maîtrise, de la raison et de la forme. L'esprit est pâle, froid, sans volume, aérien, léger, alerte et, surtout, il agit à plusieurs niveaux : tout d'abord sur le corps, qui restera contenu, mince et petit, ensuite sur l'hygiène, qui masquera les émanations du corps, puis enfin sur les comportements, qui devront toujours faire preuve de la domination de l'esprit sur le corps, laquelle a fait du travail intellectuel le symbole de la réussite personnelle et sociale, tant sur le plan de l'accomplissement de soi que de la richesse.

Ainsi, la structure fondamentale du langage raciste se résume-t-elle à une opposition entre le corps et l'esprit, où le corps est lié à la passion et à l'animal, et l'esprit à la raison et à l'humain. Comment la mise en évidence du principe organisateur de l'imagerie raciste dans la culture majoritaire peut-elle servir à garantir de meilleures conditions d'intervention en éducation interculturelle ? Tout d'abord, l'existence de cette structure fondamentale nous indique que le racisme n'est pas affaire d'ignorance, mais de méconnaissance. Il y aurait lieu de faire la sociologie de cette méconnaissance, en répondant à des questions comme : Qui diffuse ces images ? Comment les assimile-t-on ? Quels médias en font la diffusion ? etc. Informés de l'organisation de cette méconnaissance, les intervenants en éducation interculturelle augmenteraient l'efficacité de leur travail en s'engageant dans la lutte antiraciste.

Ensuite, nous apprenons que l'opposition corps/esprit, utilisée comme principe organisateur de l'imagerie raciste, est liée à des traditions morales très anciennes, dont les fondements religieux sont toujours solides et saillants. En effet, l'idée que l'être humain est composé de deux entités, le corps et l'esprit, est un des fondements des traditions philosophiques occidentales. Mais surtout, la conception qu'il faut que l'esprit domine le corps, le mortifie et le maîtrise, vient d'une morale basée sur les valeurs chrétiennes. Selon cette vision, il faut se méfier du corps, des «bas instincts» qui nous ramènent à la bête, et plutôt nourrir l'esprit qui nous permet d'atteindre le divin.

Hubert Hannoun souligne l'importance de cette conception de l'être humain dans le discours du rejet de l'Autre et conclut : «Notre civilisation occidentale moderne a érigé comme norme de notre comportement la primauté quasi absolue de la rationalité sur la bio-affectivité et, généralement, celle de l'"esprit" sur le "corps"[8].» Les principes de cette morale sont toujours à l'œuvre et conditionnent jusqu'à notre perception des autres. Le langage raciste nous montre que, pour discréditer l'autre, pour le ridiculiser à nos yeux, nous le réduisons à sa qualité de corps, de chair, de passion, de pauvre. Ainsi, dans notre culture, nous sommes conditionnés à ne percevoir chez l'autre que ces aspects négatifs. Faut-il en plus que l'autre appartienne à une culture dans

---

8   Hubert Hannoun, *Les ghettos de l'école, Pour une éducation interculturelle*, Paris, Les éditions ESF, 1987, p. 48.

laquelle le corps et ses plaisirs ne sont pas dégradants, à un peuple qui mange et rit, qui bouge et chante, il n'en faudra pas plus pour donner l'occasion à la morale rationaliste de monter en épingle ces comportements culturels différents.

3.3 LES HABILETÉS EN COMMUNICATION INTERCULTURELLE

Dans le monde actuel, il devient de plus en plus utile de savoir communiquer avec des personnes de diverses cultures. Pour y parvenir, il faut mettre à profit son intelligence et sa créativité et posséder certaines habiletés minimales, dont nous allons maintenant parler.

■ SE CONNAÎTRE SOI-MÊME ET CONNAÎTRE SA PROPRE CULTURE

Sur le plan individuel, on observe souvent que les personnes qui se connaissent bien elles-mêmes, qui ont conscience de leurs qualités, de leurs défauts et de leurs limites établissent aisément des contacts avec les autres. En revanche, celles qui se connaissent mal ou qui s'acceptent mal, que ce soit temporairement ou de façon permanente, ont souvent des difficultés à entretenir des relations interpersonnelles harmonieuses. Il en va de même sur le plan culturel : avant d'établir des contacts avec des gens de cultures différentes, il est important de bien connaître la sienne.

On sait que les cadres de références culturelles et les significations variées qui sont attribuées aux différents éléments de la communication jouent un rôle important dans la communication. Il faut être conscient de ses propres cadres de références pour les faire connaître à quelqu'un qui ne les connaît pas et pour en percevoir soi-même les différences avec ceux d'autres cultures. On connaît également le rôle des préjugés et des stéréotypes dans la communication. Il convient d'être conscient de ses propres préjugés et stéréotypes, personnels et culturels, pour les mettre en cause au moment où l'on s'aperçoit qu'ils bloquent la communication ; la même vigilance vaut pour nos propres attitudes ethnocentriques.

La connaissance de soi et de sa propre culture permet également de s'affirmer sur le plan personnel et sur le plan culturel, attitudes qui sont nécessaires à certaines étapes de la communication. L'ouverture à d'autres cultures n'est pas en contradiction avec une affirmation forte de sa propre culture ; au contraire, il est quelquefois utile de s'affirmer au moment où l'on doit expliciter ses codes culturels afin de clarifier une situation. On a déjà souligné l'importance de susciter des réactions de la part des personnes à qui l'on s'adresse à certaines étapes de la communication ; il faut aussi faire part de ses réactions, c'est-à-dire faire connaître clairement le contenu, la forme et la pertinence de ce que l'on veut communiquer.

Pour y parvenir, il faut :

- prendre conscience de ses habitudes, de ses choix, de ses valeurs, de ses attitudes et de ses comportements, et chercher à comprendre ce qui les motive ;

- accepter d'accorder du temps à cet effort de conscientisation ;

- être conscient de ses préjugés, de ses stéréotypes, de son ethnocentrisme :

  □ s'assurer de bien comprendre les notions de préjugé, de stéréotype et d'ethnocentrisme ;

  □ observer ses attitudes et ses comportements à la lumière de ces notions ;

  □ le faire à des moments répétés, dans des situations variées, et sur une longue période ;

  □ prendre le temps de vérifier si ses préjugés et ses stéréotypes s'appliquent aux personnes réelles avec qui l'on communique ;

  □ prendre garde aux généralisations que l'on n'a pas pris soin de confronter avec les personnes réelles ; éviter de prendre l'autre pour une copie conforme de sa culture ; éviter de confondre l'autre avec le stéréotype que l'on a de lui ;

  □ accepter de progresser du général au particulier, des catégorisations aux personnes réelles ; utiliser les généralisations comme guides sans qu'elles nous cachent la réalité des individus ;

- ne pas avoir peur de s'affirmer, personnellement et culturellement, de s'exprimer clairement, d'expliciter ses messages et de les faire comprendre :

  □ chaque fois qu'une situation de communication soulève la moindre ambiguïté chez l'interlocuteur, expliciter et expliquer les messages verbaux et non verbaux transmis ;

- faire part de ses réactions à ses interlocuteurs ;

- exprimer clairement ce que l'on n'a pas compris dans les messages verbaux et non verbaux reçus :

  □ chaque fois qu'une situation de communication soulève la moindre ambiguïté, demander des éclaircissements sur les éléments obscurs de la communication et exprimer son désaccord s'il y a lieu.

■ ACQUÉRIR LA PRATIQUE DE LA DÉCENTRATION. INTÉRIORISER LE RELATIVISME DES CULTURES

Nos modes de pensée et d'action n'ont pas valeur d'universalité. Il faut apprendre à découvrir les cadres de références de l'autre, à se mettre à sa place pour tenter de voir les choses de son point de vue. Il faut se méfier des jugements qui plaquent sur d'autres cultures des critères qui sont valables dans la sienne : nous avons vu dans le chapitre 1 qu'il s'agit là d'une réaction ethnocentrique. Éviter de porter des jugements sur l'autre permet de se mettre à son écoute, de chercher à le comprendre et de se mettre à sa place pour tenter de voir les choses de son point de vue : c'est ce que nous appelons «se décentrer».

L'application de ces principes demande une vigilance constante, car nous sommes toujours tentés de nous considérer comme le seul point de référence. On évite cela en allant chercher des renseignements sur l'autre : sur sa culture, mais aussi sur la façon dont il l'a intériorisée.

Comment y parvenir?

- Éviter de juger une situation choquante selon ses propres critères ou de l'interpréter sans en vérifier le bien-fondé : tolérer l'ambiguïté passagère ;

- accepter de prendre le temps de comprendre une situation plutôt que de tirer trop rapidement des conclusions ; être patient : le temps peut être un allié dans des situations de communication difficiles ;

- éviter de trop juger les gens et les événements de son propre point de vue, personnel ou culturel : bien saisir la notion d'ethnocentrisme ;

- poser des questions à l'autre afin de comprendre son univers de références sociales et symboliques : chercher à connaître ses relations sociales (famille, travail, communauté), ses expériences passées, l'univers de ses valeurs et de ses croyances ;

- accepter d'aller vers l'autre :
  □ adopter une ouverture à l'autre, de l'intérêt pour autrui : observer, écouter, poser des questions, décoder le sens des mots, décoder le langage non verbal ;
  □ lutter contre les attitudes de xénophobie ou d'hétérophobie.

▪ RECONNAÎTRE UNE SITUATION DE COMMUNICATION INTERCULTURELLE ET EXPLICITER SES CODES CULTURELS RESPECTIFS

Nous avons déjà dit que la communication interculturelle n'est possible que lorsque les interlocuteurs parviennent à comprendre leurs codes culturels respectifs selon les activités et les contextes. Si la signification de ceux-ci ne leur apparaît pas clairement, il leur faut demander des clarifications. Pour cela, il leur faut d'abord réaliser qu'ils se trouvent en situation de communication interculturelle et adopter les attitudes et comportements appropriés : éviter de porter des jugements ethnocentriques et chercher à attribuer d'autres significations aux comportements observés. À cela, il faut accorder du temps.

Comment y parvenir ?

- Reconnaître que l'on se trouve dans une situation de communication interculturelle ;
- connaître les attitudes et les habiletés requises en situation de communication interculturelle et les appliquer.

▪ APPRENDRE LA NÉGOCIATION

Il s'agit de l'habileté ultime en communication interculturelle : celle qui consiste pour les locuteurs à établir des ponts entre leurs points de vue grâce à une négociation. Car voilà le but visé : deux personnes doivent établir la communication entre elles sans se sentir frustrées, ou encore trouver un champ commun où chacune garde son identité. Par exemple, la négociation peut viser la résolution d'un conflit entre deux personnes ou avec une institution. Elle suppose que les partenaires se considèrent sur un pied d'égalité et que tous deux désirent faire des pas dans le sens du rapprochement. L'une des façons d'établir des ponts est justement de chercher les ressemblances entre les cultures, sans toutefois en nier les différences.

Comment y parvenir ?

- En situation de communication, chercher les ressemblances qui peuvent exister entre vous et votre interlocuteur, sur le plan de l'âge, du sexe, de la classe sociale, de la position sociale, de la profession, etc., et s'y appuyer pour alimenter la communication ;

- expliciter leurs différences et chercher le compromis qui leur permettra de les dépasser;
- définir les limites au-delà desquelles elles ne veulent pas aller.

Dans la prochaine section, nous allons approfondir cette dernière habileté.

L'encadré 4 constitue un tableau-synthèse des habiletés nécessaires à la communication interculturelle.

Les habiletés en communication interculturelle

Apprendre à se connaître soi-même:

■ Explorer sa propre culture en plus des autres cultures.

■ Tenir compte de l'influence de sa propre culture sur ses interprétations.

Éviter les stéréotypes:

■ Mesurer la justesse de ses propres perceptions à la réalité.

■ Se méfier des généralisations: ne pas tenir pour acquis que l'accent ou la couleur de la peau, par exemple, impliquent un type particulier de valeurs et de comportements.

Éviter les jugements rapides:

■ Prendre le temps d'analyser une situation avant de sauter aux conclusions.

■ Poser des questions, demander des renseignements supplémentaires pour mieux comprendre.

Découvrir les cadres de références des autres:

■ Se mettre en position d'apprentissage vis-à-vis des autres.

■ Chercher plus d'une interprétation à une situation de communication interculturelle.

Apprendre la négociation:

■ Chercher les similitudes entre les cultures plutôt que les différences.

■ Chercher une explication qui permet de prendre une distance par rapport à un problème.

■ Chercher le compromis qui permet de dépasser les différences.

Développer des capacités de communicateur:

■ Formuler des messages précis, organisés et structurés.

■ Apprendre à utiliser sa voix, mais aussi son corps, lors de la transmission d'un message.

■ Expliquer les messages verbaux et non verbaux transmis.

■ Prendre en considération le contexte d'une communication: tenir compte du moment et du lieu où elle se déroule.

Prendre le temps de communiquer :

■ Apprendre à respecter les rythmes et les styles de communication qui sont propres à chaque culture.

■ Être patient : le temps peut être un allié dans une situation de communication interculturelle.

■ Essayer d'établir des liens avec les gens qui font partie de l'environnement social d'une personne.

Sources : Renée Bourque, *Les relations interculturelles dans les services sociaux. Guide d'animation*, Comité des relations interculturelles dans les services sociaux, ministère des Communautés culturelles et de l'Immigration, 1989, 153 p.

Ghislaine Roy, *Pratiques interculturelles sous l'angle de la modernité*, Centre de services sociaux du Montréal métropolitain, Montréal, 1991, 88 p.

Jean-Paul Breton, Jean Daoust, Jean-Didier Dufour et Michel Leclerc, *Cours de formation sur les relations interculturelles et interraciales — Programme élaboré pour la Sûreté du Québec et l'Institut de police du Québec*, Québec, Garneau-International, mai 1992, 70 p.

Larry Samovar et Richard Porter, *Intercultural Communication : A Reader*, California, Wadsworth Publishing Co., 1988, 392 p., cité dans Fernand Ouellet, « Éducation, compréhension et communication interculturelle : essai de clarification des concepts », *Éducation permanente*, n° 75, 1984, p. 47-65.

Joyce Newman-Giger et Ruth Elaine Davidhisar, *Soins infirmiers interculturels*, Montréal, Éditions Gaëtan Morin, 1991, 307 p.

3.4 LA NÉGOCIATION INTERCULTURELLE

Afin de mieux comprendre la communication interculturelle, nous allons maintenant examiner ce qui se passe quand elle ne réussit pas à s'établir spontanément entre deux personnes. Lorsqu'un tel échec survient, il est nécessaire de faire appel à des capacités particulières de négociation. Nous allons présenter deux approches qui utilisent ces capacités : la méthode des incidents critiques, élaborée par Margalit Cohen-Émérique[9], et le cadre de la culture commune et des accommodements raisonnables, proposé par l'ex-ministère des Communautés culturelles et de l'Immigration[10].

Margalit Cohen-Émérique utilise les incidents critiques comme point de départ d'une sensibilisation aux relations interculturelles. Elle définit ainsi l'incident critique :

> Il s'agit du choc culturel défini comme une réaction de dépaysement, plus encore de frustration ou de rejet, de révolte et d'anxiété, en un mot une expérience émotionnelle et intellectuelle, qui apparaît chez ceux qui, placés par

---

[9] Margalit Cohen-Émérique, « Choc culturel et relations interculturelles dans la pratique des travailleurs sociaux », *Cahiers de sociologie économique et culturelle*, décembre 1984, p. 183-218. »

[10] Gouvernement du Québec, ministère des Communautés culturelles et de l'Immigration, *La gestion de la diversité et l'accommodement raisonnable*, décembre 1993, 26 p.

occasion ou profession hors de leur contexte socioculturel, se trouvent engagés dans l'approche de l'étranger ; ce choc est un moyen important de prise de conscience de sa propre identité sociale dans la mesure où il est repris et analysé[11].

Les incidents critiques sont donc des situations de communication interculturelle dans lesquelles les interlocuteurs subissent un choc qui suscite en eux de vives réactions émotives. Margalit Cohen-Émérique parle à ce propos de «zones sensibles». On constate en général que ce qui suscite ces réactions, ce sont des sujets qui prennent une importance particulière pour une culture donnée, notamment de récents changements sociaux. C'est le cas par exemple des relations homme-femme au Québec. En effet, comme le modèle égalitaire de ces relations est d'acquisition récente, il est encore fragile et les attaques dont il est l'objet suscitent souvent de vives réactions. Il en va de même de la pratique religieuse ou de la violence à l'égard des enfants.

> On acceptera d'autant moins la différence de l'autre qu'elle nous renvoie en miroir cette image contre laquelle on essaie de se construire une nouvelle identité. La revendication ou même le militantisme pour une égalité du rôle et du statut de la femme, une nouvelle définition des rôles parentaux, la défense de son individualisme et de la liberté contre les pressions familiales et religieuses, le libéralisme dans l'éducation des enfants, l'importance de la promotion sociale grâce à la scolarisation poussée le plus loin possible, en un mot, toutes ces valeurs, attitudes à la pointe de la modernité, sont très prégnantes(...)[12]

Dans les rapports entre les personnes qui viennent d'émigrer et celles qui appartiennent à la culture d'accueil, les incidents critiques sont fréquents. Ce ne sont généralement pas les mêmes situations qui deviennent des incidents critiques pour les unes et pour les autres. Il peut même arriver que l'une des deux personnes impliquées dans un incident critique ne se rende pas compte que l'autre est en situation de choc culturel. Quand l'incident critique est vécu par des personnes immigrantes, il constitue une expérience d'acculturation : il leur montre qu'elles viennent d'aborder un sujet qui n'est pas traité de la même façon dans les deux cultures et qu'elles doivent modifier leurs comportements ou leurs attitudes afin de s'adapter à leur milieu d'accueil. Quand l'incident critique est vécu par des personnes qui appartiennent à la majorité d'accueil, il représente pour elles une rencontre avec la différence, mais ne les contraint pas nécessairement au changement ; la réaction peut être au contraire de réclamer le changement chez les personnes immigrantes : « Maintenant, vous vivez ici, vous n'êtes plus dans

---

[11] Margalit Cohen-Émérique, «Choc culturel et relations interculturelles dans la pratique des travailleurs sociaux», *Cahiers de sociologie économique et culturelle*, déc. 1984, p. 184.

[12] *Ibid.*, p. 215.

votre pays, ce n'est plus pareil ! Pourquoi c'est toujours à notre tour de faire des concessions, pourquoi n'en faites-vous pas vous aussi ? »

Comme on le voit, l'incident critique déclenche un rapport de force. Le plus souvent, il se situe dans un contexte inégalitaire : rapports entre ex-colonisateur et ex-colonisé, entre dominant et dominé, entre membres de cultures majoritaires et minoritaires où se jouent des stratégies offensives et défensives.

Rarement les représentations, les valeurs, les normes, les attitudes et les émotions qui sont en jeu dans un incident critique — en un mot, les cadres de références — affleurent à la conscience de ceux ou celles qui le vivent. L'analyse de l'incident critique permet de les connaître, de les comprendre et de les rendre conscientes. Elle permet de découvrir l'univers socioculturel de l'autre tout autant que le sien.

Comment réagir à un incident critique ? Une fois dépassés la surprise, l'étonnement, la révolte, que faire ? On peut s'inspirer de la démarche suivante pour rétablir la communication interculturelle. Il s'agit d'une suggestion de démarche qui ne s'applique pas nécessairement telle quelle dans toutes les situations. Il faut donc l'utiliser avec discernement et choisir ce qui s'applique à chaque situation concrète, à chaque contexte. L'encadré 5 résume les différentes étapes de la démarche de communication interculturelle que nous vous proposons de suivre.

ENCADRÉ 5

Les étapes de la communication interculturelle

Rendre conscient ce qui cause une forte réaction émotive

Les personnes qui vivent un incident critique doivent d'abord réaliser qu'elles se trouvent dans une situation de choc culturel et non dans une situation où l'une a raison et l'autre tort, où l'une a mal agi et l'autre a raison de s'opposer à elle. Laquelle vit la situation de choc culturel et quel est l'élément de la situation qui la fait réagir fortement ?

Comprendre ses propres cadres de références et ceux de l'autre

Il s'agit ici pour les personnes impliquées dans un incident critique de chercher à comprendre comment elles ont interprété la situation. Pourquoi l'une a agi comme elle l'a fait ? Pourquoi l'autre s'y oppose ? Quelles sont les motivations, les valeurs, les normes de l'une et de l'autre ? Quels sont les préjugés, les stéréotypes et les jugements ethnocentriques de l'une et de l'autre ? Quel est le contexte global de l'événement ?

Établir des ponts, trouver un compromis

Après que les deux personnes impliquées dans un incident critique ont compris les cadres de références culturelles de l'autre et en quoi ils s'opposaient, il s'agit d'amorcer, des deux côtés, un mouvement de rapprochement. À ce moment, l'une et l'autre doivent mettre à contribution leurs connaissances et leur imagination pour trouver une solution de compromis. L'une et l'autre devraient avoir le pouvoir ainsi que la responsabilité de le faire.

La seconde approche a été mise de l'avant par l'ex-ministère des Communautés culturelles et de l'Immigration. Il s'agit d'un cadre, dit de la culture commune et des accommodements raisonnables, destiné à orienter la négociation dans le cas de conflits de normes entre deux personnes de cultures différentes.

Cette approche demande d'abord de bien vérifier s'il y a discrimination directe dans le conflit en cause. En effet, la Charte des droits et libertés de la personne du Québec stipule qu'il est interdit en tout temps de faire de la discrimination directe fondée sur l'un des treize motifs prévus par la Charte, soit la race, la couleur, le sexe, la grossesse, l'orientation sexuelle, l'état civil, l'âge, la religion, les convictions politiques, la langue, l'origine ethnique ou nationale, la condition sociale, le handicap. Il y a discrimination directe lorsqu'une distinction, exclusion ou préférence a pour effet de détruire ou de compromettre le droit à l'égalité.

De plus, la Cour suprême du Canada a établi qu'il est également interdit de faire de la discrimination indirecte. Il y a discrimination indirecte lorsque des règles et des pratiques habituelles des organisations ont pour effet indirect, lorsqu'elles sont appliquées uniformément à un grand nombre de personnes, de priver ou d'exclure certaines d'entre elles de l'accès à des services, en raison d'une caractéristique qui leur serait particulière. Quand il y a discrimination indirecte, on est tenu de modifier toute règle ou toute pratique qui est rationnellement liée à l'exécution des fonctions de l'organisation mais qui a un effet discriminatoire. En d'autres termes, il y a obligation d'accommodement raisonnable.

Un accommodement raisonnable est un effort de compromis substantiel par lequel une organisation cherche à adapter les modalités d'une norme ou d'une règle à une personne, afin d'éliminer ou d'atténuer un effet de discrimination indirecte, sans s'imposer de contrainte excessive. C'est une obligation relative aux moyens et non au résultat.

La contrainte excessive est la limite légitime au-delà de laquelle l'obligation d'accommodement raisonnable cesse de s'imposer, que ce soit entre autres pour des raisons de coût, d'efficacité de la production, d'effet sur les autres ou de sécurité.

L'obligation de négocier un accommodement raisonnable est bilatérale, mais l'effort pour concevoir et proposer une solution de compromis doit venir en premier lieu de la personne représentant l'organisme dont la règle a occasionné l'effet indirect de discrimination.

Dans les cas de conflit de normes culturelles où il n'y a pas de discrimination, ni directe ni indirecte, l'ex-ministère des Communautés culturelles et de l'Immigration suggère de distinguer dans la situation conflictuelle ce qui est essentiel de ce qui est accessoire, c'est-à-dire de tenter de préciser ce qui n'est pas susceptible de compromis de ce qui peut l'être.

Le Conseil des communautés culturelles et de l'immigration[13] a analysé plusieurs conflits interethniques et retient un certain nombre de questions jugées essentielles par la majorité des Québécois. Ce sont des éléments non négociables :

- le français ;
- les institutions politiques démocratiques ;
- des chartes, des lois et des règlements :
  - □ la Charte des droits et libertés de la personne du Québec (1975) ;
  - □ la Charte de la langue française (1977) ;
  - □ le Code civil de tradition française ;
  - □ le Code criminel de tradition britannique ;
- des valeurs et des normes juridiques de portée générale :
  - □ la Déclaration du gouvernement sur les relations interethniques et interraciales ;
  - □ l'Énoncé de politique en matière d'immigration et d'intégration ;
  - □ le droit fondamental à l'égalité ;
  - □ les droits des enfants et des jeunes ;
  - □ le refus de la violence privée pour régler les conflits ;
  - □ l'exigence de la monogamie dans le mariage ;
  - □ la collégialité de la direction familiale et de l'autorité parentale ;
- une mémoire commune évolutive ;
- des normes, des règles et des pratiques propres à un régime économique mixte ;
- un ensemble de pratiques et de comportements publics pas toujours codifiés (comme la ponctualité).

Tels sont, selon le Conseil des communautés culturelles et de l'immigration, les éléments apparaissant comme non négociables dans un grand nombre de conflits de normes se déroulant au Québec. Pour l'ensemble des institutions publiques québécoises, il conviendra de déterminer explicitement dans chacun des établissements les comportements et les attitudes jugées essentielles et sur lesquelles on annonce clairement que des compromis ne seront pas possibles. Ce faisant, il faudra :

---

13 Gouvernement du Québec, Conseil des communautés culturelles et de l'immigration, *Gérer la diversité dans un Québec francophone, démocratique et pluraliste. Principes de fond et de procédure pour guider la recherche d'accommodements raisonnables*, décembre 1993, 103 p.

- exprimer clairement pourquoi on refuse tout compromis ;
- soutenir les efforts d'adaptation culturelle des intéressés aux situations conflictuelles en leur donnant l'information ou la formation dont ils ont besoin et en leur laissant le temps d'adopter de nouveaux comportements et de nouvelles attitudes.

Dans les cas où il est possible d'arriver à des compromis sur des aspects accessoires des situations conflictuelles, on doit :
- créer des conditions favorisant l'émergence d'un climat de confiance ;
- obtenir et donner de l'information sur l'ensemble du conflit ;
- imaginer différentes formules de compromis jusqu'à ce qu'on trouve une solution acceptable pour tous.

3.5 ANALYSES DE CAS

En guise d'exemples de cas résolus à l'aide de la méthode des incidents critiques et de l'approche des accommodements raisonnables, nous présentons quatre cas («La boîte de chocolats», «La toilette mortuaire», «Le hidjab au laboratoire», «Le patient taciturne») pour lesquels nous suggérons une solution. Nous croyons que la solution choisie n'est pas la seule possible : il existe plusieurs façons de résoudre un même cas en fonction des conditions très concrètes qui avaient cours au moment où il s'est produit. Dans le cadre de cet ouvrage, il est impossible d'apporter de nombreuses précisions aux cas mais, au cours d'une discussion ou de réflexions à leur sujet, plusieurs solutions peuvent être envisagées selon les précisions supplémentaires qui sont apportées.

À titre d'exercices, nous présentons sept autres cas[14] pour lesquels nous ne suggérons pas de solution afin de laisser aux lecteurs et aux lectrices le soin d'en trouver. Nous ne mentionnons que les précisions utiles à la compréhension des cas ou à la discussion. Dans un but de formation à la communication interculturelle, on ne peut que suggérer fortement que ces cas soient discutés en groupe et fassent l'objet d'échanges de points de vue diversifiés.

---

[14] «Le frère batteur», «Les contacts avec le pays d'origine», «Un local de prière au collège», «Une enfant bienvenue», «Des enfants surprenants», «L'interrogatoire difficile», «La voiture aux nombreux propriétaires».

▓ CAS RÉSOLUS

LA BOÎTE DE CHOCOLATS[15]

Un jeune homme originaire du Tchad est invité à dîner dans une famille québécoise. Il n'est au Québec que depuis quelques mois. Son père y est venu faire un stage d'un an pour parfaire ses connaissances professionnelles. Ses hôtes sont une famille québécoise de vieille souche. Ses membres ont peu fréquenté d'Africains et aucun d'entre eux n'a séjourné en Afrique. Personne, dans la famille, ne connaît bien ce jeune homme : il a été invité à dîner par le cadet qui joue au tennis avec lui à l'école.

Il apporte à ses hôtes une boîte de chocolats. L'hôtesse s'empresse de le débarrasser de son paquet ; elle prend la boîte de chocolats et remercie le jeune homme de sa gentillesse. Après quelques instants, elle ouvre la boîte et en offre à tout le monde. À partir de ce moment, le jeune homme commence à être mal à l'aise et passe toute la soirée dans l'embarras. Peu de temps après le repas, il prend congé de la famille qui l'avait invité.

Rendre conscient ce qui cause une forte réaction émotive

C'est à partir du moment où l'hôtesse a ouvert le cadeau que le jeune homme est devenu mal à l'aise. Il pense que celle-ci le méprise, qu'elle n'est pas contente de le recevoir. Il se sent très gêné par la situation.

Comprendre ses propres cadres de références et ceux de l'autre

L'hôtesse apprécie le geste du jeune homme qui manifeste sa politesse en offrant une boîte de chocolats ; elle veut lui montrer qu'il a bien choisi son cadeau en offrant du chocolat à toute la famille qui s'en réjouit manifestement. Elle s'attendrit presque devant le comportement du jeune homme, comportement qui n'est plus très courant chez les jeunes. Le jeune homme est d'abord gêné par le fait que ce soit l'hôtesse qui prenne le cadeau, car un jeune homme du Tchad ne doit pas faire de cadeau à une dame plus âgée ; ensuite, il pense que si elle offre du chocolat à tout le monde, c'est qu'elle méprise son cadeau, qu'elle ne le trouve pas assez important pour le mettre de côté et le conserver précieusement. Il se sent rejeté par elle. Dans sa culture, la politesse la plus élémentaire exige qu'on mette de côté discrètement un présent qu'on vient de recevoir : c'est faire preuve d'une avidité déplacée que de se ruer sur un cadeau pour l'ouvrir.

---

[15] Inspiré d'un cas raconté par Margalit Cohen-Émérique lors d'un atelier donné à l'Association québécoise pour l'éducation interculturelle, à Montréal, le 17 septembre 1992.

Dans cet exemple, personne n'a expliqué son comportement. Personne n'a non plus deviné ce qui indisposait le jeune homme et personne ne lui a demandé pourquoi il se sentait mal à l'aise. Le jeune homme n'a pas demandé à l'hôtesse pourquoi elle ouvrait si vite son cadeau.

Établir des ponts, trouver un compromis

Cette situation ne comporte aucune forme de discrimination.

Si l'un ou l'autre avait pris l'initiative de s'enquérir du comportement de l'autre, l'ambiguïté aurait été aisément levée. L'hôtesse aurait pu expliquer au jeune homme qu'elle ne le méprisait pas du tout, qu'au contraire elle appréciait sa délicatesse ; le jeune homme aurait pu passer une soirée agréable et détendue avec cette famille.

LA TOILETTE MORTUAIRE[16]

Une femme âgée meurt après avoir été transportée d'urgence à l'hôpital. L'infirmière chargée de rencontrer les enfants de cette vieille dame s'étonne des signes d'inquiétude qu'ils manifestent en échangeant entre eux dans leur langue. L'aîné des fils lui fait part de leurs discussions : ils veulent faire eux-mêmes la toilette mortuaire de leur mère. Ce souhait va évidemment à l'encontre des règles de l'institution. Que faire dans un tel cas?

Rendre conscient ce qui cause une forte réaction émotive

Dans ce cas précis, c'est l'infirmière qui vit un choc culturel. Des règles précises ont été adoptées relativement à la toilette des personnes qui meurent à l'hôpital. Des personnes sont engagées pour faire ce travail. De plus, c'est la première fois qu'une telle demande lui est adressée. Elle est déroutée et cela lui paraît irréalisable.

Comprendre ses propres cadres de références et ceux...

... de l'infirmière

Au Québec, on meurt de plus en plus à l'hôpital, et ce sont des employés qui font la toilette mortuaire des patients dans les hôpitaux. La mort est de plus en plus institutionnalisée. Elle est aussi dissociée de la religion.

Il n'y a cependant pas si longtemps, dans la famille québécoise traditionnelle, surtout à la campagne, on mourait dans son lit à la maison, et c'étaient

---

16 Cas exposé par Doris Custeau, infirmière à l'hôpital Sacré-Cœur de Montréal, lors d'une conférence donnée à l'hôpital de Montréal pour enfants, intitulée : « L'intervention auprès de la clientèle multiculturelle : les défis de la pratique », 8 mai 1992.

les membres de la famille proche de la personne décédée qui faisaient la toilette mortuaire. L'infirmière considère donc que le rituel de la toilette mortuaire par les membres de la famille fait partie d'une époque révolue et archaïque.

... de la famille

Dans plusieurs cultures traditionnelles, la piété filiale et le respect des aînés sont des valeurs de base de l'éducation familiale. La tradition et la continuité de la famille, sur le plan religieux, reposent sur le culte des ancêtres, dont la responsabilité est transmise de père en fils ; la toilette mortuaire des parents est souvent une obligation pour les enfants.

Dans certaines religions, il existe des rituels funéraires qui précisent le rôle que chaque membre de la famille doit jouer. Ces rituels définissent les gestes qu'il convient de faire auprès du cadavre, désignent les personnes qui feront la toilette mortuaire et les prières qui seront prononcées au chevet du mourant.

Pour les musulmans, par exemple, il convient de ne pas habiller le mort après la grande ablution qui consiste à laver soigneusement le corps (trois fois de suite, et selon un ordre précis) et à le recouvrir d'un tissu blanc. La croyance veut que l'individu retourne vers Allah, nu, comme il est venu au monde.

De la même façon, la toilette mortuaire chez les Juifs est très importante et soumise à des règles précises : s'il s'agit d'un homme, elle doit être faite par des hommes, s'il s'agit d'une femme, par des femmes.

Dans ces cultures, à la crainte de mourir s'ajoute la crainte que la toilette mortuaire soit faite par quelqu'un qui ignore les rites religieux ou que les prières nécessaires au repos de l'âme ne soient pas dites.

Établir des ponts, trouver un compromis

Cette situation peut comporter une forme de discrimination.

Dans ce cas précis, l'infirmière a compris qu'elle avait l'obligation légale de proposer elle-même une solution conciliant les obligations religieuses des enfants envers leur mère et les normes d'hygiène de l'hôpital ; elle a demandé aux enfants de cette femme de lui expliquer les rites funéraires rattachés à leur culture et à leur religion. Après avoir obtenu cette explication, le personnel de l'hôpital a fourni aux enfants les instruments nécessaires pour qu'ils prennent en charge la toilette mortuaire de leur mère car ces gestes étaient conciliables avec les normes de l'hôpital (normes d'hygiène, de coût, de temps). Un élément important de la négociation est de reconnaître l'autre «comme partenaire égal, sans lequel aucune solution ne peut être trouvée, d'où l'importance accordée à son pouvoir et à son point de vue[17]». Dans ce cas, l'infirmière a compris en quoi consistaient les rituels funéraires des membres de cette famille, et il était relativement facile pour l'administration de l'hôpital d'accéder à cette demande.

LE HIDJAB AU LABORATOIRE[18]

Une jeune étudiante musulmane qui fait ses études en sciences de la santé dans un cégep de Montréal porte le hidjab, en accord avec les prescriptions de sa religion. Elle doit suivre un cours de chimie qui exige une présence hebdomadaire dans un laboratoire où il faut parfois chauffer des produits chimiques volatiles à la flamme d'un petit brûleur. Les consignes de sécurité y sont très strictes et respectées par tout le monde. Le professeur et le personnel technique considèrent que le hidjab porté par l'étudiante constitue un facteur de risque très élevé pour elle-même et pour toutes les autres personnes qui se trouvent au laboratoire. L'étudiante refuse d'enlever son voile; le professeur et les techniciennes lui refusent alors l'accès au laboratoire. L'étudiante a immigré récemment au Québec. Elle et sa famille tiennent à conserver leurs valeurs et leurs pratiques religieuses dans un monde où tous semblent avoir perdu la foi. La jeune femme veut poursuivre ses études. Le professeur et les techniciennes ne sont pas pratiquants et considèrent que les règles de sécurité dans un laboratoire scientifique prévalent sur les prescriptions religieuses. De plus, les techniciennes considèrent que le port du hidjab est le symbole de l'oppression des femmes.

Rendre conscient ce qui cause une forte réaction émotive

L'enseignant et les techniciennes considèrent que le hidjab risque de prendre feu et que cela constitue un danger réel. Ils voient d'un mauvais œil le fait que des prescriptions religieuses contreviennent aux règles de sécurité dans un milieu de travail scientifique. La jeune étudiante se sent rejetée, persécutée, et s'interroge sur ses chances de poursuivre ses études dans un milieu aussi indifférent aux valeurs religieuses.

---

[17] Margalit Cohen-Émérique, «La formation des enseignants: pour une approche interculturelle», Actes du colloque *La pluralité culturelle dans les systèmes éducatifs européens,* 1992.

[18] Événement rapporté par un intervenant en communication interculturelle dans un cégep de Montréal.

Comprendre ses propres cadres de références et ceux...

... du professeur

Pour le professeur, le respect des consignes de sécurité fait partie de l'enseignement et il ne voit pas comment il pourrait permettre une dérogation à celles-ci. Il ne connaît pas bien l'étudiante mais il voit en elle une personne attentive, réservée et motivée par ses études. Il veut que la situation se règle rapidement et au profit de tous. Il s'étonne que l'étudiante ne consente pas à retirer son voile pendant les manipulations en laboratoire. Il se sent mal à l'aise en face de convictions religieuses qui donnent lieu à des comportements potentiellement dangereux. Il n'arrive pas à concilier la ferveur religieuse de l'étudiante avec sa formation scientifique.

... des techniciennes

Pour leur part, les techniciennes tiennent absolument à ce que toutes les règles de sécurité du laboratoire dont elles sont responsables soient respectées : c'est une question de compétence professionnelle. Si un accident se produisait, elles pourraient craindre des représailles puisque tous les règlements relatifs à la sécurité n'auraient pas été respectés. De plus, une femme qui insiste pour demeurer voilée les dérange. Elles concluent à l'oppression et à une mentalité attardée.

... de l'étudiante

L'étudiante trouve sa situation au Québec extrêmement difficile. Les différences de valeurs lui apparaissent insurmontables. Elle sent qu'elle se trouve dans un monde sans foi, qui s'est détourné de Dieu, un monde aux mille pièges. Ce sentiment est partagé par tous les membres de sa famille. Elle pense toutefois qu'elle peut tirer un certain bénéfice de sa présence dans une société occidentale et que cela n'est pas incompatible avec sa pratique religieuse. Elle tient particulièrement à réussir ses études, même si cela l'oblige à côtoyer tous les jours des jeunes pour qui les valeurs spirituelles et la pratique religieuse n'ont pas la même importance.

Établir des ponts, trouver un compromis

Cette situation peut comporter une forme de discrimination.

Le professeur et les techniciennes savent bien qu'ils ne peuvent adopter un comportement discriminatoire basé sur la religion à l'égard de l'étudiante, c'est-à-dire qu'ils ne peuvent, en raison d'une pratique religieuse, la priver de son droit d'entrer au laboratoire et de suivre, comme tous les étudiants, les activités pédagogiques prévues au programme. Par ailleurs, ils considèrent aussi que le respect des règles de sécurité dans un laboratoire est impératif et que nul ne peut s'y soustraire.

Pour l'étudiante, enlever son hidjab, ne serait-ce que le temps de faire une expérience dans le laboratoire de chimie, lui serait intolérable ; elle ne peut accepter de mettre entre parenthèses le signe de son adhésion incontestée aux plus hautes valeurs ; si elle y était contrainte, elle renoncerait à son projet d'étudier dans une société occidentale. Elle doit faire la preuve qu'elle peut étudier sans cesser d'être une femme irréprochable.

Dans ce cas de choc culturel qui tourne au conflit, les deux parties partagent un objectif commun : que l'étudiante mène à bien son projet d'études. Le danger en question est celui de voir le hidjab prendre feu au contact de la flamme du brûleur. Si ce danger pouvait être éliminé sans que l'étudiante ait à retirer son voile, nous aurions une solution adaptée à la situation et satisfaisante pour tout le monde.

Il fut donc convenu que l'étudiante porterait son voile de telle manière qu'il demeure collé au visage et qu'aucune partie libre ne puisse glisser au-dessus d'une flamme et, pour plus de sûreté, que le tissu du voile soit ignifuge.

LE PATIENT TACITURNE[19]

Un septuagénaire est hospitalisé dans la région de Montréal à la suite d'une récidive sérieuse d'un infarctus. Bien que le patient ne soit plus dans une situation jugée critique, son état ne progresse que très lentement et inquiète le personnel médical. Le vieillard paraît déprimé et morose. Les infirmières soupçonnent que son état émotif influence beaucoup sa condition. Elles l'interrogent mais n'apprennent que très peu de chose. Le patient ne manifeste aucun désir, ne semble se plaindre ni des soins qu'elles lui prodiguent, ni des conditions de son hospitalisation. Il n'a reçu qu'une seule visite, celle de son fils habitant l'Ontario. Sans pour autant se résigner à la situation, les infirmières ne savent plus comment aider le malade à guérir.

Rendre conscient ce qui cause une forte réaction émotive

Le corps médical se sent impuissant. Les infirmières ont acquis la conviction que c'est la nature discrète, réservée à l'extrême du patient qui est la source de sa difficulté à récupérer. Elles veulent l'aider, mais perdent leur sympathie à son égard. Le patient, lui, est en état de choc culturel. Il se sent agressé dans son intimité par toute la sollicitude des infirmières et réagit très mal à son état de dépendance. Il est déprimé et sent ses jours s'achever.

---

[19] Cas fictif.

Comprendre ses propres cadres de références et ceux...

... du patient

Le patient est un immigrant de longue date. Il est veuf depuis douze ans et aucun de ses enfants n'habite plus Montréal. Il vivait seul dans sa maison jusqu'à son hospitalisation. Peu fortuné, il partage à l'hôpital une chambre à quatre.

D'esprit indépendant, le vieil homme a toujours valorisé l'autonomie individuelle et le sens des responsabilités. La dernière chose à laquelle il s'abaisserait serait de se plaindre. Se retrouvant seul après le décès de sa femme, il a continué à tenir seul sa maison, fier de son autonomie et ne voulant jamais s'imposer aux autres. Ce qui le dérange le plus dans son état actuel, c'est justement de dépendre de tout le corps médical. Il ne tolère pas non plus d'être mêlé aux vies de ses voisins de chambre. Les infirmières sont bruyantes, bavardes. Les patients de la même chambre reçoivent des visites et parlent fort. Il a l'impression que tout ce qu'il a réussi à être dans la vie se trouve nié dans cet hôpital. Il se sent anéanti, dispersé, et n'arrive plus à reprendre ses forces.

... des infirmières

Pour leur part, les infirmières voient dans le patient le prototype de l'homme fermé, rigide, qui ne se confie pas et n'assume pas sa vie émotive. Elles estiment que ses faiblesses cardiaques viennent de ce refoulement excessif. Elles ont tenté d'établir avec lui des contacts chaleureux, mais en vain. Leurs efforts semblent le laisser indifférent et même susciter du mépris. Pourtant, elles continuent à chercher des moyens d'améliorer son état émotif.

Établir des ponts, trouver un compromis

Cette situation ne comporte aucune forme de discrimination.

Une jeune stagiaire à l'hôpital a séjourné un an dans le pays d'origine du patient. Elle a ainsi pu apprendre la langue et comprendre plusieurs éléments de la culture de cette personne. En apprenant son origine, elle décide d'aller lui parler. En entrant dans la chambre, elle se remémore son séjour ; elle est soudainement frappée par l'exiguïté de la chambre et par le peu d'espace libre que laissent les lits. Les autres patients écoutent la radio et parlent au téléphone. Elle ressent un malaise confus, inhabituel devant une scène pourtant courante à l'hôpital. De retour au poste de garde, elle émet l'hypothèse que le vieil homme ne peut probablement pas supporter de vivre dans une telle intimité avec les autres patients et les infirmières.

La stagiaire propose comme solution de traiter le patient avec distance et de lui faire assumer des responsabilités dans les soins qu'on lui prodigue. Elle conseille aux infirmières de contacter son fils pour voir s'il lui serait possible de payer les frais d'une chambre privée. Son intimité et son espace personnel protégés, son sens de l'autonomie revalorisé, le patient aurait de meilleures chances de reprendre confiance en ses possibilités de guérison.

■ CAS À RÉSOUDRE (EXERCICES)

LE FRÈRE BATTEUR[20]

Un jeune immigrant de vingt ans vit à Montréal depuis plusieurs années. De retour d'un voyage dans son pays, il ramène son jeune frère dont il a la responsabilité de surveiller les études. Celui-ci, après quelques mois, commet des délits mineurs avec des compagnons d'école. Quand le grand frère apprend cela, il réagit violemment et bat son jeune frère. Le lendemain, à l'école, le professeur s'aperçoit que les bras et le cou de l'enfant portent des marques ; inquiet pour l'enfant, il avise le directeur de l'école. Celui-ci, conscient de ses responsabilités, convoque aussitôt l'enfant et lui demande de raconter ce qui s'est passé ; il s'étonne que l'enfant ne mentionne pas les châtiments corporels dont il a été victime et qu'il parle plutôt de ses difficultés à vivre à Montréal. Convoqué également par le directeur de l'école, le grand frère ne comprend pas qu'on le juge sévèrement et qu'on le soupçonne de maltraiter son frère ; il affirme qu'il s'en préoccupe beaucoup et qu'il est très inquiet pour lui.

Rendre conscient ce qui cause une forte réaction émotive

Le frère aîné considère que la responsabilité qu'il a de son jeune frère l'autorise à corriger physiquement les écarts de conduite de celui-ci. Pour le personnel scolaire, les châtiments corporels sont interdits en vertu de la loi québécoise.

LES CONTACTS AVEC LE PAYS D'ORIGINE[21]

Une famille immigrée fait des appels fréquents dans son pays d'origine alors qu'elle connaît de grosses difficultés financières ; les frais d'interurbains déséquilibrent son budget. Bien que cette famille reçoive de l'aide sociale de son pays d'accueil, elle entreprend des voyages pour retrouver les autres

---

[20] Inspiré de Margalit Cohen-Émérique, «Choc culturel et relations interculturelles dans la pratique des travailleurs sociaux», *Cahiers de sociologie économique et culturelle*, déc. 1984, p. 200.
[21] Inspiré de *ibid.*, p. 212.

membres de la famille restés dans son pays d'origine et dispersés ailleurs. Les travailleurs sociaux en contact avec cette famille trouvent ces comportements scandaleux.

Rendre conscient ce qui cause une forte réaction émotive

Pour cette famille immigrée, il est très important de garder le contact avec la famille étendue demeurée dans le pays. Les travailleurs sociaux considèrent, au nom de la rationalité économique, que des appels interurbains sont une dépense superflue pour des gens dont les revenus ne suffisent pas à assurer le minimum vital.

UN LOCAL DE PRIÈRE AU COLLÈGE[22]

Un groupe de jeunes étudiants musulmans demandent à l'administration d'un collège deux locaux de prière : un pour les hommes et l'autre pour les femmes. Les administrateurs répondent d'abord qu'ils ne peuvent mettre à leur disposition qu'un seul local, puis ils se ravisent et leur refusent tout local. Les étudiants sont révoltés par ce refus et cherchent à connaître les raisons de ce revirement. Les administrateurs se justifient en invoquant un manque de locaux.

Rendre conscient ce qui cause une forte réaction émotive

Les administrateurs se sentent très mal à l'aise de devoir tenir compte de demandes de locaux pour des activités religieuses alors qu'il y a une pénurie de locaux. Le collège est officiellement une institution catholique, mais une forte majorité des cadres souhaiteraient qu'il soit non confessionnel et exercent leurs fonctions comme si cela était le cas. La demande rejetée des étudiants musulmans les a remis en face de cette contradiction. De plus, la ségrégation entre les hommes et les femmes qu'impliquait leur demande en a heurté plusieurs.

Les étudiants se sentent alors rejetés injustement. Ils ne comprennent pas que les administrateurs invoquent la rareté des locaux puisqu'ils leur en avaient d'abord offert un. La seule explication plausible est la discrimination dont font preuve les administrateurs à leur égard.

UNE ENFANT BIENVENUE[23]

Un couple d'immigrants récemment arrivé au Québec vient d'avoir un enfant, une petite fille. Peu de temps après la naissance, le père, en tenant son bébé

---

[22]   Cas inspiré d'un événement survenu dans un cégep de la région de Montréal.
[23]   Cas inspiré d'une entrevue réalisée auprès d'infirmières spécialisées en périnatalité.

dans ses bras, dit aux infirmières que cette naissance «lui semble bien triste».

Les infirmières sont absolument offusquées. Elles sont persuadées que le père dit cela parce qu'il aurait voulu avoir un fils. Elles font un rapport à une travailleuse sociale, craignant que l'enfant ne subisse de mauvais traitements.

La travailleuse sociale se rend au domicile du jeune couple. Tout semble parfait. Le père lui offre une collation et elle aborde la question de la naissance de leur fille.

Rendre conscient ce qui cause une forte réaction émotive

Les infirmières ont tout de suite interprété les paroles du père comme traduisant sa déception d'avoir eu une fille car, dans plusieurs cultures traditionnelles, il est important d'avoir un garçon dans la famille pour toutes sortes de raisons : par exemple, un garçon assumera le travail de la terre et pourra veiller sur ses parents âgés (ce qui n'est pas le cas d'une fille car, une fois mariée, elle va s'établir avec son mari). Le père explique à la travailleuse sociale pourquoi il était triste. Dans son pays, cette naissance aurait été accueillie par des éclats de joie, des fêtes auxquelles aurait été conviée toute la famille. Ici, comme il ne connaît personne, la naissance de sa fille est passée inaperçue... Dans ce cas, les réactions ethnocentriques des infirmières ont fait écran à la communication interculturelle.

DES ENFANTS SURPRENANTS[24]

Alicia a émigré au Québec avec ses deux fils, José (huit ans) et Felipe (trois ans). Alicia décide de s'inscrire au COFI pour suivre un cours de français. José va à l'école. Quant à Felipe, elle décide de le placer dans une garderie pendant les heures de cours.

Le premier jour, Sylvie, la responsable de la garderie, est très aimable et assure Alicia qu'elle prendra bien soin de Felipe. Un jour, constatant que personne n'est venu chercher Felipe, Sylvie téléphone chez Alicia et José lui répond. Étonnée, elle constate que José est seul à la maison. Ne sachant trop que faire, elle lui demande de dire à sa mère de venir prendre Felipe. Alicia arrive une heure plus tard à la garderie, visiblement embarrassée.

---

[24] Exemple tiré de Renée Bourque, *Les relations interculturelles dans les services sociaux. Guide d'animation*, Ministère des Communautés culturelles et de l'Immigration, Comité des relations interculturelles dans les services sociaux, 1989, p. 39.

Rendre conscient ce qui cause une forte réaction émotive

Sylvie est indignée. Comment peut-on laisser un si jeune enfant seul à la maison? José est-il en sécurité? Ne lui impose-t-on pas trop de responsabilités pour son âge?

Au Québec, généralement chez les gens de classe moyenne, on ne laisse pas un enfant de huit ans seul à la maison pendant une longue période. Ce serait lui imposer trop de responsabilités. De tristes événements ayant mis en cause de jeunes enfants maltraités ou tués ont fait que nous avons élaboré toute une conception de la sécurité, surtout dans les grandes villes. Par exemple, les enfants apprennent très tôt à ne pas parler à des inconnus, à ne pas circuler seuls dans la rue quand il fait noir...

L'INTERROGATOIRE DIFFICILE[25]

Un vol est commis dans le quartier. Les policiers cherchent un témoin et se rendent chez des citoyens. Il y a plusieurs personnes dans la même pièce: deux parents âgés, trois adultes dans la trentaine et quelques enfants. Les parents parlent en même temps; les policiers s'adressent alors à leur fille, une jeune femme qui parle mieux le français. Le père semble mécontent, la jeune femme s'esquive et un de ses frères, qui est de passage et donc peu au courant du vol, s'impose pour répondre aux policiers. Peu de temps après, les policiers se retrouvent avec une dizaine d'adultes subitement arrivés qui veulent savoir ce qui se passe et leur posent des questions. Le père dispute sa fille et adresse des reproches aux policiers.

Rendre conscient ce qui cause une forte réaction émotive

Les policiers sont devant un attroupement inhabituel: toute le monde parle en même temps, tout le monde semble se mêler de tout. Les policiers ont l'impression de perdre la maîtrise de la situation.

Le père ressent l'interrogatoire individuel comme une menace, il ne comprend pas ce qu'on lui veut. Selon lui, il est normal que le groupe familial s'intéresse aux problèmes qui affectent un de ses membres et que chacun tente de lui apporter son aide, son soutien. De plus, les policiers n'ont pas respecté la hiérarchie familiale: ils se sont adressés à sa fille, ce qui l'a offusqué.

---

[25] Exemple tiré de Jean-Paul Breton, Jean Daoust, Jean-Didier Dufour et Michel Leclerc, *Cours de formation sur les relations interculturelles et interraciales — Programme élaboré pour la Sûreté du Québec et l'Institut de la police du Québec, Québec*, Garneau-International, mai 1992.

LA VOITURE AUX NOMBREUX PROPRIÉTAIRES[26]

Des policiers interceptent pour excès de vitesse une vieille automobile occupée par trois jeunes. Il leur est difficile d'établir qui en est le propriétaire : l'immatriculation n'est pas au nom du conducteur et ses trois occupants soutiennent qu'ils en sont propriétaires. En vérifiant le permis de conduire du conducteur et les papiers d'immatriculation de la voiture, le policier constate que l'adresse indiquée sur ces documents n'est pas la même et que le nom qui y apparaît ne correspond pas à celui que le conducteur a donné ! Les réponses des jeunes sont évasives et contradictoires, quoique polies. Cependant, les policiers commencent à s'impatienter, car la situation devient de plus en plus confuse.

Rendre conscient ce qui cause une forte réaction émotive

Une grande partie du travail du policier est basée sur l'identification des personnes. Le nom et l'adresse d'une personne ont ainsi une importance capitale dans les sociétés modernes. Par exemple, certains services gouvernementaux (assurance-maladie, assurance-chômage, pension de vieillesse...) ou privés (banque, cartes de crédit...) ne pourraient fonctionner si les bénéficiaires n'avaient pas de domicile fixe.

Pour les policiers, il est donc presque suspect de ne pas avoir d'adresse permanente.

---

[26] Exemple tiré de *ibid.*

CONCLUSION

Avertis de l'importance d'améliorer les rapports interethniques dans leur milieu, le lecteur et la lectrice de ce livre ont pu tout d'abord se familiariser avec un cadre conceptuel, acquérir ensuite un bon nombre de données factuelles et finalement s'initier à quelques techniques efficaces de communication interculturelle.

Les nombreuses définitions relatives à la communication interculturelle que nous avons proposées leur permettront désormais d'utiliser un vocabulaire qui correspond bien à la réalité.

Nos lecteurs auront réalisé par le fait même qu'il est impossible d'utiliser la notion de race pour décrire la très grande variété biologique des populations humaines. Plus particulièrement, les notions portant sur la diversité humaine leur permettront non seulement de tracer clairement la frontière entre ces deux types de caractéristiques humaines que constituent les caractères biologiques, comme la couleur de la peau, et les coutumes culturelles, comme la langue parlée, mais aussi de comprendre que leur influence respective sur les individus est fort différente. Par ailleurs, dans la partie consacrée à la nouvelle école de communication, nous avons souligné le fait que nous ne communiquons pas seulement par des actes conscients et délibérés, mais par toute notre façon d'interagir avec notre environnement. Enfin, nous avons montré que le racisme résulte à la fois d'un effort de théorisation visant à justifier les inégalités sociales en les prétendant issues d'inégalités biologiques et de toute une série de pratiques discriminatoires envers les membres d'autres cultures, qui visent leur marginalisation sociale.

Les données démographiques, socioéconomiques et historiques présentées dans le deuxième chapitre ont tout d'abord contribué à tracer le portait de l'immigration au Québec. Elles ont aussi permis de répondre à des préjugés et à des arguments ethnocentriques courants, ce qui en démontre l'utilité dans un guide sur la communication interculturelle. Plus loin, la longue section des faits historiques a mis en évidence la transition entre l'immigration traditionnelle, d'origine essentiellement européenne, et l'immigration récente, provenant des pays du Tiers Monde. La partie sur les enjeux de l'immigration a fait ressortir deux dimensions sociales particulièrement importantes : la démographie et l'économie. L'exposé sur l'histoire des lois canadiennes et québécoises en matière d'immigration contribue à défaire l'idée préconçue selon laquelle ni le Canada ni le Québec ne contrôlent leurs frontières. En fait, les données présentées dans ce chapitre servent à réfuter des convictions erronées profondes et des lieux communs sans fondement.

Dans le dernier chapitre, nous avons initié le lecteur et la lectrice aux habiletés exigées par la communication interculturelle. La première consiste à se connaître soi-même. La présence de l'autre éveille chez nous, de par sa différence, un sentiment d'insécurité latent lié au problème de l'identité. Bien se connaître donne l'assurance nécessaire pour s'engager dans une relation ouverte. La deuxième habileté consiste à acquérir la pratique de la décentration, c'est-à-dire la capacité de voir une situation sous plusieurs angles. Ceux qui recourent à cette pratique, proche de l'humour, possèdent une gamme de comportements plus variés et jouissent d'une capacité de recul dans les situations tendues. La troisième habileté est la capacité de reconnaître une situation de communication interculturelle et d'expliciter les codes culturels respectifs dans un processus de négociation. Grâce à l'acquisition de ces différentes habiletés, nos lecteurs pourront entreprendre une négociation en sachant qu'elle conduit à un accommodement mutuel au prix de compromis acceptables pour chacune des parties, tout en reconnaissant que ce ne sont pas toutes les négociations qui réussissent.

De plus, ce seront leurs expériences concrètes qui leur permettront d'évaluer la pertinence de ce guide. En effet, même si ce guide leur présente des concepts et des faits, leur apporte des informations utiles, le vécu sera toujours plus important que les données théoriques, il sera toujours infiniment plus riche car il stimulera par sa nouveauté la vérification des concepts et des théories. Enfin, ce guide suggère à ceux et à celles qui jugent inadéquats leurs comportements dans des situations de communication interculturelle de nouvelles habiletés à développer. Il leur restera à vérifier dans quelle mesure celles-ci sont applicables dans leur vie quotidienne et professionnelle.

Nous savons que les concepts, les données et les théories présentés dans ce guide n'épuisent pas le questionnement sur la communication interculturelle. Ils constituent plutôt des informations élémentaires qui pourront nourrir la curiosité des personnes qui tentent d'établir des contacts interculturels satisfaisants et enrichissants dans leur quotidien. Car nous en sommes là, croyons-nous : les personnes ouvertes à la diversité devront créer des liens nouveaux, établir entre elles de nouvelles bases d'échanges plus larges, et ce malgré les appréhensions que suscite ce nouveau domaine. Il sera désormais nécessaire à tous et à chacun d'essayer de comprendre et de se faire comprendre par qui que ce soit dans le monde, et d'apporter ainsi une contribution à l'édification de tels échanges.

Pour cela, il faudra temps et patience. Ce guide pourrait être le point de départ d'une longue réflexion sur les rapports entre cultures et d'une expérience que nous allons devoir faire petit à petit : des communications ouvertes et diversifiées. Ce sera là une tâche importante et stimulante pour les personnes qui vivront le début du XXIe siècle.

BIBLIOGRAPHIE

«L'an dernier, 224 600 personnes ont immigré au Canada ; c'est le plus important flot depuis 1957 », *La Presse*, 15 décembre 1992.

«Le Canada et les réfugiés : une question de justice », *Bulletin de la Ligue des droits et libertés*, vol. IV, n° 6 et vol. V, n° 1, 1986, n. p.

ABDALLAH-PRETCEILLE, Martine, «L'interculturel en éducation et en sciences humaines », dans *Actes du colloque de Toulouse,* juin 1985, Publications Université Toulouse/Le Mirail, 1986, p. 25-32.

ADLER, Ronald et Neil TOWNE, adaptation de Jacques SHEWCHUCK, *Communication et interactions*, Montréal, Éditions Études Vivantes, 1991, 358 p.

BARNOUW, Victor, *Culture and Personality*, 4e éd., Homewood (Illinois), The Dorsey Press, 1985, 538 p.

BARRETTE, Christian, «Entre l'ignorance et la communication : les stéréotypes racistes », *Impressions*, n° 11, Montréal, décembre 1991, p. 28-31.

«La communication interculturelle et les stéréotypes racistes », *Médium, sciences humaines*, n° 36, Montréal, été 1990, p. 8-12.

BARTH, Fredrik, «Les groupes ethniques et leurs frontières », dans Philippe POUTIGNAT et Jocelyne STREIFF-FENART (dir.), *Théories de l'ethnicité,* Paris, Presses Universitaires de France, coll. Le sociologue, 1995, 213 p.

BASTENIER, Alain, «Les relations interculturelles sont des rapports sociaux, donc des conflits à issue incertaine », dans *La pluralité culturelle dans les systèmes éducatifs européens,* actes d'un colloque tenu à Nancy en 1992, 1993, p. 183-190.

BAUER, Julien, *Les minorités au Québec,* Montréal, Boréal, coll. Boréal Express, n° 10, 1994, 126 p.

BEAUCHESNE, André, *Éducation et pédagogie interculturelles. Guide de formation,* Éditions du CRP et CECM, 1991.

BEAULIEU, Agnès et Maria Elena CONCHA, *Les Latino-Américains au Québec. Portrait des familles de Côte-des-Neiges*, Montréal, Association des immigrants latino-américains de Côte-des-Neiges, juin 1988, 130 p.

BENDRIS, Naïma et Marie-Blanche TAHON, *Regards sur les Arabes*, Centre d'études arabes pour le développement (CEAD), cahier 6, février 1992, n. p.

BERTHELOT, Jocelyn, *Apprendre à vivre ensemble*, Centrale de l'enseignement du Québec, 1990, 187 p.

BIRDSELL, J. B., *Human Evolution*, Chicago, Rand McNally & Company, 1972, 546 p.

BLANC, Marcel, «Les races humaines existent-elles?», *La Recherche*, n° 135, p. 930-936.

BOUCHARD, Gérard, «La nation au singulier et au pluriel. L'avenir de la culture nationale comme 'paradigme' de la société québécoise», *Cahiers de recherche sociologique,* n° 25, 1995, p. 78-79.

BOURQUE, Renée, *Les relations interculturelles dans les services sociaux. Guide d'animation*, ministère des Communautés culturelles et de l'Immigration, Comité des relations interculturelles dans les services sociaux, 1989, 153 p.

BRETON, Jean-Paul, Jean DAOUST, Jean-Didier DUFOUR et Michel LECLERC, *Cours de formation sur les relations interculturelles et interraciales — Programme élaboré pour la Sûreté du Québec et l'Institut de police du Québec*, Québec, Garneau-international, mai 1992, 70 p.

BROCHU, Ginette et Édithe GAUDET, «Se mettre à jour en interculturel... une priorité pour les collèges francophones», cours Performa, 1991, n. p.

CAMILLERI, Carmel, «La communication dans la perspective interculturelle», dans C. CAMILLERI et M. COHEN-ÉMÉRIQUE (sous la direction de), *Chocs de cultures: concepts et enjeux pratiques de l'interculturel*, Paris, L'Harmattan, coll. Espaces interculturels, 1989, 398 p.

CAMPBELL, Bernard, *Human Ecology*, New York, Aldine, 1985, 198 p.

CANTIN, Louise et Gina SAINT-LAURENT, *Session d'information pour l'intégration socio-professionnelle des immigrants francophones*, ministère des Communautés culturelles et de l'Immigration, juin 1992, 118 p.

CARATINI, Roger, *La force des faibles. Encyclopédie mondiale des minorités*, Paris, Larousse, 1987, 399 p.

CASSE, Pierre, *Training for the Cross-Cultural Mind — A Handbook for Cross-Cultural Trainers and Consultants*, 2ᵉ éd., Washington, Sietar, 1981, 260 p.

CAUCHON, Paul, «Immigration record en 91 au Québec», *Le Devoir*, 30 juin 1992.

COHEN-ÉMÉRIQUE, Margalit, «Choc culturel et relations interculturelles dans la pratique des travailleurs sociaux», *Cahiers de sociologie économique et culturelle*, décembre 1984, p. 183-218.

«La formation des enseignants : pour une approche interculturelle», Actes du colloque *La pluralité culturelle dans les systèmes éducatifs européens*, 1993, p. 209-219.

«La tolérance face à la différence, cela s'apprend», *Intercultures*, n° 16, janvier 1992, p. 77-92.

CONSTANTINIDES, Stephanos, *Les Grecs du Québec*, Montréal, Éditions Le Métèque, coll. Identités ethno-culturelles, 1983, 248 p.

COSTA, Rosalinda et Viviane RENAUD, «La population immigrante du Québec», *Tendances sociales canadiennes,* été 1995, p. 9-14.

COUSINEAU, Daniel, *Les communautés culturelles. Et la santé, ça va ?*, Les publications du Québec, 1989, 54 p.

DION, S. et G. LAMY, «La francisation de la langue de travail au Québec. Contraintes et réalisations», *Language Problems and Language Planning*, 14, 2, p. 119-141, cité dans Gérard DAIGLE, *Le Québec en jeu. Comprendre les grands défis*, Montréal, Les Presses de l'Université de Montréal, 1992, 805 p.

ÉGRETAUD, H., M. GUÉNARD et L. LAFERRIÈRE, «Pour une immigration créatrice d'emplois», *Avenir*, cahier spécial, 1992, 22 p.

FEHMIU-BROWN, Paul, *La présence des Noirs dans la société québécoise d'hier et d'aujourd'hui,* ministère des Affaires internationales, de l'Immigration et des Communautés culturelles et ministère de l'Éducation, 1995, 37 p.

GAUDET, Édithe et Louise LAFORTUNE, *Des stratégies d'enseignement en interculturel,* rapport de recherche PAREA, cégeps Ahuntsic et André-Laurendeau, 1996.

GOUVERNEMENT DU CANADA, Immigration Canada, «Statistiques sur l'immigration», *The Globe and Mail*, 17 juin 1992, p. A1 et A5.

ministère des Approvisionnements et Services, *Multiculturalisme et le gouvernement du Canada,* 1980.

Recensement Canada, *Profil de la population immigrante*, 1986, 93-155, p. 6-1 à 6-16.

Statistique Canada*, Statistiques sur l'immigration. Données 1985-86-87.*

Statistique Canada, *Statistiques sur l'immigration. Données 1989-90.*

division de la Démographie, *Statistiques démographiques annuelles,* Ottawa, catalogue 9-213, 1995, 309 p.

GOUVERNEMENT DU QUÉBEC, *L'école québécoise et les communautés culturelles,* rapport Chancy, 1985.

L'éducation interculturelle, avis du Conseil supérieur de l'éducation, 1983.

Les défis éducatifs de la pluralité, avis du Conseil supérieur de l'éducation, 1987.

Pour un accueil et une intégration réussis des élèves des communautés culturelles, avis du Conseil supérieur de l'éducation, 1993.

Commission des droits de la personne du Québec, *Comité d'enquête sur les relations entre les corps policiers et les minorités visibles et ethniques,* Montréal, novembre 1988, 407 p.

direction des communications du ministère des Communautés culturelles et de l'Immigration, *Population immigrée recensée au Québec en 1991: caractéristiques générales,* octobre 1993.

ministère des Affaires internationales, de l'Immigration et des Communautés culturelles, *La sélection des immigrants et les catégories d'immigration,* octobre 1994, n. p.

ministère des Affaires internationales, de l'Immigration et des Communautés culturelles, *L'immigration au Québec. Bulletin statistique annuel,* coll. Statistiques et indicateurs, 1991-1992, vol. 16, n° 8, 105 p.

ministère des Affaires internationales, de l'Immigration et des Communautés culturelles, *Portraits statistiques régionaux: Québec et ses régions — 1991,* coll. Statistiques et indicateurs, n° 9, février 1995.

ministère des Affaires internationales, de l'Immigration et des Communautés culturelles, *Profils des communautés culturelles du Québec,* direction des communications, 1995, 654 p.

ministère des Affaires internationales, de l'Immigration et des Communautés culturelles, *Le Québec en mouvement. Statistiques sur l'immigration,* 1995, n. p.

ministère des Communautés culturelles et de l'Immigration, *La gestion de la diversité et l'accommodement raisonnable,* décembre 1993, 27 p.

ministère des Communautés culturelles et de l'Immigration, *Autant de façons d'être Québécois,* 1981.

ministère des Communautés culturelles et de l'Immigration, Conseil des communautés culturelles, *Gérer la diversité dans un Québec francophone, démocratique et pluraliste. Principes de fond et procédure pour guider la recherche d'accommodements raisonnables,* 1993, 103 p.

ministère des Communautés culturelles et de l'Immigration, *L'intégration des immigrants et des Québécois des communautés culturelles : document de réflexion et d'orientation,* 1990, 18 p.

ministère des Communautés culturelles et de l'Immigration, *Au Québec pour bâtir ensemble. Énoncé de politique en matière d'immigration et d'intégration,* décembre 1990, 88 p.

ministère des Communautés culturelles et de l'Immigration, *Bulletin statistique annuel,* vol. 14, 1988, 57 p.

ministère des Communautés culturelles et de l'Immigration, Direction des études et de la recherche, *Caractéristiques des immigrants admis au Québec — 1981-1990,* juin 1991, 47 p.

ministère des Communautés culturelles et de l'Immigration, *Consultation sur le niveau d'immigration. Aspects légaux et réglementaires de l'immigration au Québec,* 1986, 11 p.

ministère des Communautés culturelles et de l'Immigration, Direction des politiques et programmes d'intégration socio-économique, *Distribution spatiale de la population immigrante et régionalisation de l'immigration,* juin 1991, 81 p.

ministère des Communautés culturelles et de l'Immigration, Direction des études et de la recherche, *Présentation graphique sur l'immigration et la population immigrée au Québec,* 1992, 102 p.

ministère des Communautés culturelles et de l'Immigration, *Recueil des lois et règlements du ministère des Communautés culturelles et de l'Immigration,* 19 juin 1991, 12R.06, 68 p.

ministère de l'Éducation, *À la découverte de la communauté vietnamienne,* coll. Communautés culturelles du Québec, 1984, 20 p.

ministère de l'Éducation, Direction de la coordination des réseaux, Services aux communautés culturelles, *Les Canadiens et les Québécois face à l'immigration*, cahier n° 2, guide de l'animateur, juin 1990, 191 p.

ministère du Travail, *Le marché du travail*, février 1991.

GUILLAUMIN, Colette, «Avec ou sans race?», *Le genre humain II: «La société face au racisme»*, Paris, automne-hiver 1984-1985, Bruxelles, Éditions Complexe, 278 p.

HALL, Edward T., *La dimension cachée*, Paris, Éditions du Seuil, coll. Points-Essais, 1971, 254 p.

Le langage silencieux, Paris, Éditions du Seuil, coll. Points, 1984, 234 p.

HANNOUN, Hubert, *Les ghettos de l'école — Pour une éducation interculturelle*, Paris, 1987, Les Éditions ESF, 147 p.

HARRIS, Marvin D., *Culture, People, Nature — An Introduction to General Anthropology*, Toronto, Fitzhenry and Whiteside, 1975, 694 p.

HARVEY, Julien, «Culture publique, intégration et pluralisme», *Relations,* octobre 1991, p. 239-241.

HELLY, Denise, *Les Chinois à Montréal — 1877-1951*, Institut québécois de recherche sur la culture, 1987, 315 p.

«Politiques à l'égard des minorités immigrées», *Sociologie et sociétés,* vol. XVII, n° 2, automne 1994, p. 127-144.

JACQUARD, Albert, *Au péril de la science — Interrogations d'un généticien*, Paris, Éditions du Seuil, coll. Science ouverte, 1982, 216 p.

L'héritage de la liberté — De l'animalité à l'humanitude, Paris, Éditions du Seuil, coll. Science ouverte, 1986, 210 p.

JACQUES, André, *Les déracinés. Réfugiés et migrants dans le monde*, Paris, Éditions La Découverte, 1985, 240 p.

LABELLE, Micheline, Danielle LEMAY et Claude PAINCHAUD, *Notes sur l'histoire et les conditions de vie des travailleurs immigrés au Québec*, Montréal, Éditions Carrefour international, 1980, 62 p.

LABELLE, Micheline, Geneviève TURCOTTE, Marianne KEMPENEERS et Deidre MEINTEL, *Histoires d'immigrées. Itinéraires d'ouvrières colombiennes, grecques, haïtiennes et portugaises de Montréal*, Montréal, Boréal Express, 1987, 271 p.

LANGANEY, André, *Les hommes — Passé, présent, conditionnel*, Paris, Armand Colin, 1988, 249 p.

LANGANEY, André et Hubert Ninian VAN BLYENBURGH, «Des parentés paradoxales», *Sciences et avenir*, n° 540, février 1992, p. 51-54.

LAPERRIÈRE, Anne, «L'apprentissage du français dans un contexte pluriculturel : réflexion sur le rôle de l'école québécoise à la lumière des analyses britanniques», dans Conseil de la langue française, *Le Québec français et l'école à clientèle pluriethnique : contributions à une réflexion*, n° 29, Éditeur officiel du Québec, 1987, p. 267-349.

«Les paradoxes de l'intervention culturelle : une analyse critique des idéologies d'intervention britanniques face aux immigrant-es», *Revue internationale d'action communautaire*, n° 14-54, 1985.

LAROUCHE, Daniel, «Les communautés ethniques : une contribution significative à la vie économique», *Forces*, n° 73, hiver 1986, p. 17-25.

LAWLER, James, *Intelligence, génétique, racisme*, Paris, Éditions sociales, 1978, 232 p.

LEBLANC, Gérald, «Noirs et francophones. Les Haïtiens ont changé le visage de Montréal», *La Presse*, 8 décembre 1991.

LE BOURDAIS, Céline et Christine LEFEBVRE, *Spatialisation des composantes ethniques, socio-économiques et familiales à Montréal en 1981*, Montréal INRS-Urbanisation, 1987, 79 p.

LÉGER, Jean-Marc, «De l'usage imprudent du terme "minorité"», *Le Devoir*, 25 janvier 1995.

LEWONTIN, Richard, *La diversité des hommes — L'inné, l'acquis et la génétique*, Paris, Pour la sicence — Diffusion Belin, 1984, 179 p.

LIPIANSKY, E. M., «Communication, codes culturels et attitudes face à l'altérité», *Intercultures*, n° 7 , septembre 1989, p. 27-37.

LLAMBIAS-WOLF, Jaime, *Notre exil pour parler : les Chiliens au Québec*, Montréal, Fidès, coll. Rencontre des cultures, 1988, 275 p.

MANÈGRE, Jean-François, *L'immigration et le marché du travail. Un état de la question*, Conseil des communautés culturelles et de l'immigration, juillet 1993, 173 p.

MARTIN, G. et Clyde W. FRANKLIN, *Minority Group Relations*, Columbus (Ohio), Charles E. Merrill Publishing Company, 1973, 388 p.

MAUVIEL, Maurice, «Formations relatives aux communications non verbales en contexte pluri-culturel», *Intercultures*, n° 7, septembre 1989, p. 61-69.

McANDREW, Marie, «Multiculturalisme canadien et interculturalisme québécois: mythes et réalités», dans *Pluralisme et éducation: politiques et pratiques au Canada, en Europe et dans les pays du Sud. L'apport de l'éducation comparée,* actes du colloque de l'Association francophone d'éducation comparée, mai 1984, Montréal.

MEMMI, Albert, *Le racisme*, Paris, Gallimard, coll. Idées, n° 461, 1982, 220 p.

   Portrait du colonisé, Montréal, Les Éditions l'Étincelle, 1972, 146 p.

MONTAGU, Ashley, *Man's Most Dangerous Myth — The Fallacy of Race*, New York, Meridian Books, 1965, 499 p.

MORRIS, Desmond, *Magie du corps*, Paris, Bernard Grasset, 1985, 256 p.

MUCCHIELLI, Alex, *L'analyse phénoménologique et structurale en sciences humaines*, Paris, PUF, 1982, 376 p.

NEWMAN-GIGER, Joyce et Ruth Elaine DAVIDHISAR, *Soins infirmiers interculturels*, Montréal, Éditions Gaëtan Morin, 1991, 307 p.

NOËL, Lise, *L'intolérance. Une problématique générale*, Montréal, Éditions Boréal/Seuil, 1991, 308 p.

OUELLET, Fernand, «Éducation, compréhension et communication interculturelle: essai de clarification des concepts», *Éducation permanente*, n° 75, 1984, p. 47-65.

POUTIGNAT, Philippe et Jocelyne STREIFF-FENART, *Théories de l'ethnicité*, Paris, Presses Universitaires de France, coll. Le sociologue, 1995.

RAMIREZ, Bruno, *Les premiers Italiens de Montréal. L'origine de la Petite Italie du Québec*, Boréal Express, 1984, 137 p.

RENAUD, Jean, Alain CARPENTIER, Gisèle OUIMET et Catherine MONTGOMERY, *La première année d'établissement d'immigrants admis au Québec en 1989 — Portraits d'un processus*, Montréal, département de sociologie, Université de Montréal et Institut québécois de recherche sur la culture, 1992, 77 p.

ROGEL, Jean-Pierre, *Le défi de l'immigration*, Institut québécois de recherche sur la culture, Québec, 1989, 122 p.

ROY, Ghislaine, *Pratiques interculturelles sous l'angle de la modernité*, Centre de services sociaux du Montréal métropolitain, Montréal, 1991, 88 p.

SALEM, Norma, «La communauté arabophone du Québec», *Forces*, n° 73, hiver 1986, p. 70-73.

SALVAIL, Michelle, *Les déterminants des gains des immigrants résidant au Québec en 1986*, thèse de maîtrise, département de sciences économiques, Université de Montréal, décembre 1990, 79 p.

SAMOVAR, Larry et Richard PORTER, *Intercultural Communication : A Reader*, California, Wadsworth Publishing Co., 1988, 392 p.

SKRZYPCZAK, Jean-François, *L'inné et l'acquis : inégalités «naturelles», inégalités sociales*, 3ᵉ éd., Lyon, Chronique sociale, coll. Synthèse, 1989, 201 p.

SOUMIS, Laurent, «De nouvelles règles du jeu pour les candidats au statut de réfugié», *Le Devoir*, 30 janvier 1993.

SWAN, Neil, *Incidence économique et sociale de l'immigration*, Conseil économique du Canada, Ottawa, 1991, 157 p.

UNESCO, *Déclaration sur la race et les préjugés raciaux*, adoptée par la Conférence générale à sa vingtième session, Paris, UNESCO, 27 novembre 1978, 6 p.

Racisme, science et pseudo-science, Paris, UNESCO, coll. Actuel, 1982, 162 p.

VINCENT, Pierre, *Immigration. Phénomène souhaitable et inévitable*, Montréal, Québec/Amérique, 1994, 268 p.

YACOUB, Joseph, Les minorités. Quelle protection?, Paris, Desclée de Brouwer, coll. Habiter, 1995, 398 p.